U0946201

知本家

KNOWLEDGE MASTERS

武向阳 著

中国财富出版社

图书在版编目（CIP）数据

知本家 / 武向阳著. —北京：中国财富出版社，2019.12

ISBN 978 - 7 - 5047 - 7059 - 2

Ⅰ. ①知…　Ⅱ. ①武…　Ⅲ. ①知识经济-研究-中国　Ⅳ. ①F124.3

中国版本图书馆CIP数据核字（2019）第255479号

策划编辑	刘　刚　谢晓绚	**责任编辑**	周　畅		
责任印制	尚立业	**责任校对**	卓闪闪	**责任发行**	白　昕

出版发行	中国财富出版社		
社　　址	北京市丰台区南四环西路 188 号 5 区 20 楼	**邮政编码**	100070
电　　话	010 - 52227588 转 2098（发行部）		010 - 52227588 转 321（总编室）
	010 - 52227588转100（读者服务部）		010 - 52227588 转 305（质检部）
网　　址	http://www.cfpress.com.cn		
经　　销	新华书店		
印　　刷	河北京平诚乾印刷有限公司		
书　　号	ISBN 978 - 7 - 5047 - 7059 - 2/F · 3147		
开　　本	710mm × 1000mm　1/16	**版　　次**	2020 年 12 月第 1 版
印　　张	15.5	**印　　次**	2020 年 12 月第 1 次印刷
字　　数	257千字	**定　　价**	59.80 元

版权所有 · 侵权必究 · 印装差错 · 负责调换

推荐序一

从知识产权看知本世界

200 多年前的第一次工业革命，引发了人类历史上规模空前的产业升级，创造了空前繁荣。现在，一场新的产业升级正在进行，这就是知识经济的兴起。一场知识经济风暴席卷、震撼全球，人类正在经历着广泛、深刻的变革。

在这个变革的过程中，知识就是创新力，知识就是生产要素，而知识产权则是知识创新的高度“凝结”，得以让知识以非常“具体”的方式作用于我们的经济、社会，成为经济发展、科技进步以及文化繁荣的强劲动力。

这些年来，我国对知识产权工作的重视程度不断提高。习近平总书记在十九大报告中指出，“倡导创新文化，强化知识产权创造、保护、运用”。世界知识产权组织数据显示，2019 年，中国在《专利合作条约》(PCT) 框架下的国际专利申请量为 58990 件，超越美国，跃居世界第一。2019 年，国内（不含港澳台）有效发明专利拥有量达到 186.2 万件，每万人口发明专利拥有量达到 13.3 件，提前完成国家“十三五”规划确定的目标任务。

由于我自身的专业研究和工作经历，我比任何人都更加清晰地感知着我国这种“知识化”进程和“数字化”趋势，透过知识产权我们看到的是一个民族的创新能力，是一个国家的发展新动能，是一个社会的知识力觉醒。社会生活的众多领域都在汹涌的知识浪潮中发生着剧烈的变化。我们要用新的眼光去审视经济、科技、社会发展，充分认识知识成为生产要素后所引发的一系列新观念、新规律、新变革。

很高兴在这个时候，我看到武向阳先生的《知本家》。这本书不仅从宏观层面分析、阐述了这几年我国及世界的变革趋势，更是分板块详细论述了知识作为生产要素的运作原理和路径以及如何对知识产权进行保护。我也很荣幸受邀为这本书写序。而书中的一段话更是点出了我的心声：

“知本家的优势在于拥有知识和技能，知本家核心的竞争优势在于知识产权，保护知识产权就是保护自己的创新力、创造力。在知识经济时代，善于经营知识产权的企业将会成功，而不善于经营知识产权的企业将被淘汰。”

我相信大家通过阅读本书，可以洞察当今时代的发展趋势，明悟知识的重要性，能够从新趋势、新定义、新观念、新方法中，整合思维，以复合的、动态的、灵活的方式，为当下、为未来做出新的判断和选择。

田力普

2020 年 6 月

田力普，中国知识产权研究会理事长，第十二届全国政协委员。国家知识产权局原局长、党组书记，十七大、十八大代表，第十七届中国共产党中央纪律检查委员会委员。中国人民大学、厦门大学、华中科技大学和南开大学兼职教授，同济大学知识产权学院名誉院长和博士生导师，中国科学院大学博士生导师，南京理工大学知识产权学院名誉院长。

推荐序二

新经济时代知本的扩张

2009 年 9 月，我接受第一财经《中国经营者》栏目主持人罗振宇的专访，谈到股份制是资本密集型企业首选的形式。知识经济时代的新兴产业对人的依赖更加突出，因此合伙制横空出世，北大纵横从 2000 年开始实行合伙人模式，让更多的精英成为合伙人，而这些人就是早期的知本家。

2013 年，田朴珺任制片人、陈可辛执导的电影《中国合伙人》上映，其中三位主角的原型，新东方的俞敏洪、王强、徐小平就是我的北大师兄，他们三位凭借着自己的学识、专长、头脑和口才赚钱，他们是典型的知本家。

2014 年 9 月，阿里巴巴在纽约证券交易所上市。阿里巴巴巧妙设置了知本家控制资本家的模式。一是合伙人拥有提名 50% 以上董事候选人的权利，这是写入公司章程的，而要想修改章程中关于合伙人提名权的条款，必须在股东大会上得到 95% 的到场股东或委托投票股东的同意。二是合伙人必须持有公司一定股份，合伙人要在 60 岁时退休或在离开阿里巴巴时退出合伙人（永久合伙人除外，而永久合伙人只有马云和蔡崇信）。要想选举新合伙人，需 75% 合伙人投票支持，而罢免合伙人需 51% 的合伙人投票支持。

无独有偶，万科创始人王石表示，人才是万科的第一资本。万科现任董事长郁亮进一步表示，人才是万科的唯一资本。近几年，万科从职业经理人时代迈进了合伙人时代——知本时代到来。

2015 年，知识经济平台逐步启动；2016 年，王思聪在分答上用 32 个问题挣了 23.8 万元，互联网知识经济开始爆红；2017 年，知识经济百花齐放，一些名人、大咖乃至“草根”、素人，纷纷通过知乎 Live、喜马拉雅、得到、抖音等平台崛起，靠着知识分享获取几十万元到几千万元的收入，也让大家非常直观地见证了一个个“知识等于财富”的传奇故事——知本经济开始绽放光芒。

也许，每一个技术巨浪、新经济模式的形成、发展都有着相似之处：曾经很重要的某一生产要素突然变得非常廉价；一些全新的基础设施得以被创造；爆发式的创新背后泡沫紧随；泡沫破灭后经济衰退；拥有较高生产力的新技术得以广泛普及……互联网知识经济也许无法逃脱这样的规律。在经历了短期的野蛮生长后，互联网知识经济已经从“网红”引领向内容导向转型，用户的消费越来越理性，由为亲近“偶像”而花钱，转向为真正的知识产品而花钱。拥有知识的新兴阶层——知本家无疑成了资本的拥有者，知本成了与知识经济画等号的重要内容、新经济赖以生存和发展的根本。

另外，管理大师德鲁克曾表达过这样一个观点：所有产业都和知识有关。在过去几十年里成为经济中心的产业，一直把信息和知识的生产、销售作为其业务，只是没有把它们当成物品去生产和销售。传统产业之所以能够壮大，也正是因为它们围绕知识和信息进行了重组。例如，制药业的实质是知识，是药品的成分、功效，而药片仅仅是知识的包装物。

其实，不管是曾经的行业对知识和信息的“重组”，还是现在直观的互联网知识经济，知识正在成为企业与用户接触的入口，是各国经济发展的新动能，而知本家正在承担着无限深远的责任和使命。

在这样的时代背景下，我十多年的好友、广州知本家教育科技有限公司创始人武向阳先生，立足于多年来对知本经济的研究和思考，执笔写下了《知本家》一书。在本书中，他条理分明地阐述了知识经济时代的新商业趋势，全方位、深层次地为读者剖析了知本家这个新兴阶层出现的必然性及其所蕴藏的知识新商机。我相信，通过阅读本书，大家会以一个全新的视角，看到一个充满无限机遇的知本世界。

王璞

2020 年 9 月

王璞，北大纵横管理咨询集团创始人、首席专家。中国生产力促进中心协会名誉理事长，中国青年企业家协会副会长。曾获 2005 年全国劳动模范、北京五四青年奖章（2005）、中国上市公司最具影响力独立董事（2010）、第十届中国企业教育年度终身成就奖等荣誉。著作和主编的作品有《总裁日记》《品牌谋略：构建品牌领导力》等二十余部。

推荐序三

知本才是“大国重器”

第二次世界大战，日本经济受到重创。为了改变这一局面，日本实施了“科技立国”战略：从引进外国先进的科学技术入手，在应用中模仿、吸收，并在此基础上改良、创新，进而开发自主的尖端科学技术，使科技达到并保持在世界先进水平，以推动日本经济高速发展。实践证明，“科技立国”战略成效显著。

面对来自日本的挑战，时任美国总统里根组织了以经济学家和科学家顾问为成员的“工业竞争研究委员会”。经过近两年的研究分析，他们发现了在经济领域出现的一些新起之秀——以计算机行业为首的各行业中小企业迅速发展。如年轻的微软公司，在不到 20 年时间里资产便达到了 1500 亿美元，排在世界大企业的前列。他们敏锐地发现这种新型的企业或许是制胜的关键，于是提出了一系列的针对性方案。美国政府采纳了他们的建议，并采取了高等学校与工业产业结合，发挥自己特长的战略方针，强势推动知识经济的发展，使其成为经济发展新动能。

时光荏苒，不过几十年的时间，整个世界都进入了以科技创新为引领、以知识产权为核心的新时代。移动互联网、云计算、大数据、人工智能、物联网、区块链、5G

（第五代移动通信技术）等信息技术快速发展，带动了新一轮科技革命和产业变革，世界竞争格局和产业生态也面临着巨大的转变与挑战。

随着经济全球化进程的不断推进以及我国对外开放的不断深化，科技和教育成为竞争的核心，促进经济增长的方式发生了转变，知识资本、智慧资本成为竞争的重要战略资源，它们作为一种无形资产迅速升值，知本成为知识经济时代企业、国家竞争力提高的关键要素。

中国站在“两个一百年”奋斗目标的历史交汇点上，把握历史机遇，放眼世界，提出了创新驱动发展战略、“双创”战略等国家战略，鼓励中国企业创新创造发展。中国石墨烯产业奠基人冯冠平、饮誉全球的“电池大王”王传福、无人机创新领军人物汪滔等是典型的知本家，通过技术的突破及产业化，不断地增强中国企业的科技含量和全球竞争力。他们清楚地知道自己生活在一个史无前例的变革时代，必须正视这样的变革，并竭尽全力为变革扫清障碍，他们懂得利用知识的力量创造和改变未来。

知本家是知识经济时代经济活动的重要主体。缺乏知本家，就不能完成知识资本的有效扩展，更无法在市场中占据有利的竞争地位。“双创”也是在鼓励、激励更多的创新、创业的知本家涌现。而武向阳先生所著的《知本家》，不仅总结和剖析了近年来我国乃至全球的变革趋势，更是迎合了知本时代，通过一系列的精辟阐述，帮助我们了解知本趋势，抓住知本机遇，成为新时代的知本家。

书中还有关于知识产权保护的论述，让我产生深刻共鸣。在知本重要性日益凸显的今天，国家高度重视知识产权保护。十九大报告中提出，“倡导创新文化，强化知识产权创造、保护、运用”；十九届四中全会指出“建立知识产权侵权惩罚性赔偿制度”，加大对知识产权的保护力度，让知识产权与创新同行。而我在版权贸易这一领域已从业多年，对此认识尤为深刻，版权作为知识产权的重要组成部分，承担着贯彻落实创新驱动发展战略，建设知识产权强国和社会主义文化强国的重要任务。保护版权不仅是在保护创新创造，同时是在保护知本，保护知本家的合法权益。

知本引领，以人为本，成就“国之重器”。察势者智，驭势者赢，打开《知本家》这本书，走进知本时代，拥抱知本未来！

武东兴

2020 年 9 月

武东兴，知识产权管理专家、广州市越秀区政协委员。现任国家版权贸易基地（越秀）及国家商标品牌创新创业（广州）基地运营机构广州市华南版权贸易股份有限公司副董事长兼总经理。发起成立中国知识产权交易机构联盟，任首届轮值理事长。曾荣获 2017 年度中国品牌人年会“十大新闻人物”荣誉称号。主编《版权维权研究与实务》《知识创富》等书。

自序

从首届中国知本家高峰论坛说起

作为首席谈判官倡导者，我大部分时间都在和企业打交道，研究企业，服务企业。这些年我一直关注着世界经济的发展形势，也一直默默关注着这样一个群体——知本家，并一直想着为这个群体“正名”，顺应知识经济这样的热潮，引起大家对知本家的关注，进而深入地去了解其潜在意义和价值。

于是，2010 年 8 月 21 日至 22 日成了我人生中极为重要的两天，由我策划并发起的首届中国知本家高峰论坛在广州花都华钜君悦大酒店举行并取得圆满成功。

出席那次论坛的有共和国演讲家彭清一、思八达集团前总裁尚建身、天智教育训练集团总裁张志诚、上海金丝猴食品股份有限公司副总裁郭树良等演讲嘉宾，我作为主办方代表也与现场的 200 多名企业家做了分享。

论坛主要围绕着“知本家”这个概念，讨论运用自身所拥有的高新知识创造财富，实现自我价值的方法和渠道。首届中国知本家高峰论坛这个名字听起来也“霸气十足”，它是我和团队考虑了很久的结果。我不喜欢高调的言论，但是对于“知本家”这一概念我十分钟爱并充满了信心。

《知本家风暴》一书曾带给了我极大的思考，此书记述了利用高新知识创造高新产业的创业家们的历程，书中提到王选、王志东、柳传志这些光辉的名字的章节至今还留在我的脑海中。

我认为知本家的出现是人类商业文明进步的标志，不仅标志着个人的知识积累、创新得到社会极大承认和尊崇，也是人类改造商业、创造财富的具备科学性、进步性的变革。当时虽然知本家不断地被人们提及，但是很少被人们当作一个系统的主题进行讨论，人们也没有充分意识到知本家的重要性。我就想先从首届中国知本家高峰论坛这一平台开始，进而成立“知本家俱乐部”，打造一个新的圈层，最后以“知本家商学院”作为一个商业载体，持续推动这个群体健康发展。

所以那时，我就想唤起人们对知本家的关注，这个论坛的名字就这样定了下来。在当时的论坛上，我们也看到了到场的嘉宾们，以知识为载体，以坚强的意志活跃在经济舞台上，将零星的、处于相对静止状态的知识要素转化为产品、生产技术、管理模式、精神能量……他们不仅是知识的化身，更是推进中国知识经济发展的动力。

今天，近 10 年时间过去了，他们有了更多的话语权，经济上拥有了更多的主导权，他们塑造着公共和商业形象。随着知识经济的深入发展，特别是互联网知识经济的崛起，越来越多的人认识到知识的强大商业力。诚如管理学权威迪伊•沃德•霍克所宣称的：我们正处于一个历时 400 年的时代即将结束，另一个时代正冲破阻力而来的时刻。

2018 年 11 月，《中华人民共和国政府和新加坡共和国政府关于中新广州知识城升级合作的框架协议》签订，使得中新广州知识城正式上升为国家级双边合作项目。中新广州知识城正全力打造国际知识驱动创新的战略高地、国际创新领军人才港、国际一流的知识产权保护和运用中心、关键核心技术快速转化基地、综合性国家科学中心。由此可见，知识经济的重要性日益凸显并引起了国家层面的高度重视。

本书中，我将跳脱传统的“知识分子论”，将为科学家和企业家进行一场“大联姻”，重新分析知本家的能力特点和发展机制：

宏观洞察世界知识经济发展大势和规律，构建全息时代下的新知本家画像；

从创新、商业战略布局、互联网工具使用、知识资产化、知识产品运营、知识增值溢价、知识维权等角度解析知本家的发展技能和方法；

站在更高的层面，甚至人类的角度，解说知本家宏大的价值观。

马云在2017杭州·云栖大会演讲时表示，在中国未来的十年中，企业家不能和科学家共荣的企业是走不久的。只有让企业家和科学家结合，这个世界才有未来。

武向阳

2020年6月

前言

来自“第四世界”的声音

时空错乱，曾经生活在不同时代的四个人相遇了，并带来了他们各自世界中最重要的东西。

第一个人是原始人，来自原始社会，他兴高采烈地拿着一只羚羊腿。

第二个人是农本人，来自农耕文明，他扛着一袋稻米。

第三个人是资本人，来自资本时代，他手里拿着一袋金币。

于是他们之间发生了一件有趣的事。

资本人用一枚金币从农本人手中换了半袋稻米，自己留了一半，用另一半从原始人那里换得了半只羚羊腿。之后他自己留了一半的羚羊腿，然后将剩下的羚羊腿以一枚金币的价钱卖给了农本人。

就这样，资本人没有花费一分钱，拥有了农本人 1/4 的稻米和原始人 1/4 的羚羊腿，原始人和农本人非常震惊，他们无法理解资本人是怎么做到的。

正当资本人得意扬扬的时候，突然来了第四个人，他是知本人，来自 21 世纪，手中空空如也。

资本人高傲地看着知本人问：“你有什么重要的东西吗？”

知本人笑笑说：“有，它叫知识，在我的头脑里。”

“那东西值多少钱？有什么用？”资本人说完，抖了一下自己的钱袋，里面哗哗作响。

“那东西不值钱。”知本人回答。

“不值钱的东西你要它做什么！”

“它大有用处，可以让原始人打到更多的猎物，可以让农本人种出更多的稻米。”

知本人一说完，原始人立马高兴地喊了起来：“我愿意用剩下的羚羊腿换你的知识。”

“我也愿意用剩下的稻米换你的知识。”农本人喊道。

见到这个情景，资本人的脑子飞快地转动了起来。他说：“我愿用一半的金币投资你的知识。”

于是，知本人从原始人那里获得了 1/2 只羚羊腿，还拥有了农本人 1/2 袋稻米和资本人一半的金币。在今后的相处中，他真的帮助原始人打到了更多的猎物，帮助农本人种出了更多的稻米，也帮助资本人利用猎物、收成进行加工，研究出了更多的商品……

当然，这是一个虚构的故事。但是我们可以清晰地看到这几类人之间的鸿沟，从“本”上讲，猎物是原始世界的生存基础，但是其在农本世界中，不过是一道改善营养的菜；收成是农本世界中惜之如命的生活保障，但是其在资本人的“货架”上不过是一件普通的商品；商品是资本世界中盈利的主要手段，但是其在知本人眼中不过是知识的一种粗浅表现，在知本人看来，知识可以转化为猎物、收成、商品、投资……知本人站在一个更高的维度看待整个人类社会的发展，并日益凸显出自己的重要性。

目录 CONTENTS

第一章

转型升级

——这个世界被“玩坏”了

英雄的首要工作是从次要的“果”的世界舞台退出，来到困难真正所在的“因”的心灵地带。

——约瑟夫·坎贝尔《千面英雄》

资本家和知本家，一字之差，却蕴含了人类社会两大文明阶段的历史性差异。在这个不断出现新名词的时代，知本家的出现显得很自然：既然有知识经济，就应该有知本家。

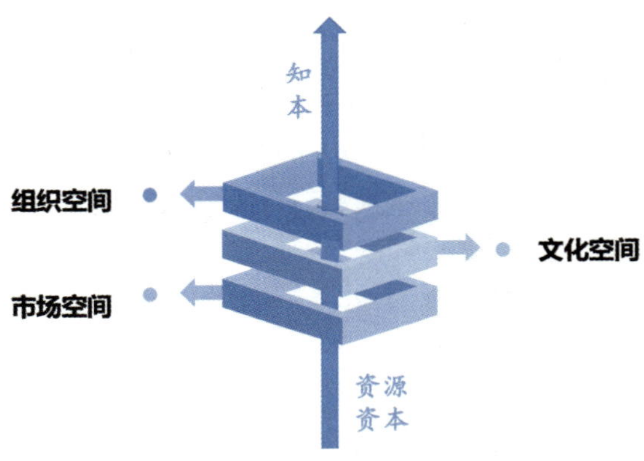

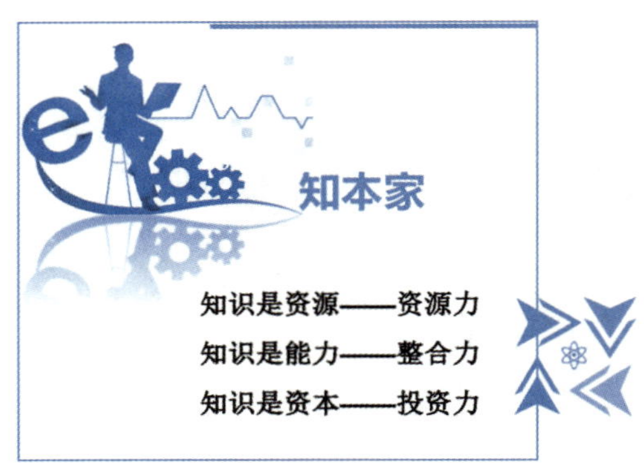

01

风口上的“猪”为什么飞不动了

市场的快速变革不断地催生着各种风口，我们要做的不是盲目地乘风而上，而是认知这种变革背后的规律、趋势及变革中逐渐形成的知本家发展市场。快速变革的市场如图 1–1 所示。

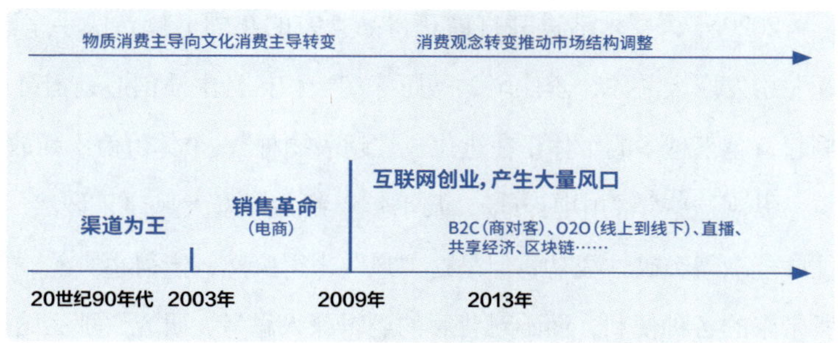

图1–1　快速变革的市场

成也风口，败也风口

曾经人人信奉“站在风口上，猪都会飞”，今天这句话好像失灵了。

2015 年，O2O 的火爆无须多言，全民 O2O，这个概念遍及各个领域，但是一年后，许多当初重金进入的企业赔得血本无归，只剩下美团和大众点评，而如今这两家也早已转型，不再是单纯的 O2O 平台。

2016 年，直播爆红，直播平台雨后春笋般地爆发，可是平台运营成本高且收支不成比例，小平台逐个被收割，直播行业内的竞争也成了大型平台之间的角逐。

2017 年，共享经济爆发，但是一年时间未到就经历了“冰火两重天”，很多共享企业悄然退出了游戏，做得最好也最大的共享单车领域很多企业也纷纷破产退出，行业龙头 ofo 小黄车融资困难，资金链紧张，退押金难已成热点。

2018 年，人们对区块链的追捧达到前所未有的高潮，与区块链沾边的相关概念异常火爆，但是很快就爆出了 ICO（首次币发行）的违法操作。我们无法否认其先进性，但是也该看到区块链技术仍处于开发阶段，尚不成熟。用一个很形象的比喻，现在的区块链应用就是带泡沫的啤酒，不尝泡沫喝不到啤酒，但泡沫占了 90%，啤酒少之又少。

2019 年，中国 5G 领先世界，随着 5G 网络的普及，一个新的巨大风口正在形成。

2020 年，罗永浩进驻直播获得品牌方的热烈追捧，快手辛巴全程直播“土豪婚礼”引发巨大关注，李佳琦、薇娅等淘宝和抖音主播创造销售奇迹……个体价值不断崛起，越来越多的个体正在进化成“超级物种”，个体价值不断放大。

纵观这些年的中国市场，几乎年年都会爆发大风口，诚然，站上风口借势而为，往往能取得突破性成功，但是这“风”来得突然，走得也突然，如果仅仅沉浸于风口所带来的各种便利，而不对背后的逻辑深入思考、研究，那么结果往往是飞得高也跌得惨。

其实，这些风口不过是市场变化的表象：

每一次的风口迭代，都是市场快速变革的外在表现；

对风口的探究，真正的落点应该是洞察市场的变化趋势。

风口的本质在于市场环境的变化

从改革开放到今天，我国市场剧烈变动，经历了三次大的变革：

第一次变革，改革开放后至 2003 年，一大批消费品、耐用品出现，百货商场崭露头角，攻城略地，代表了现代流通渠道对传统流通渠道的替代。

此时，渠道为王，不管什么规模的企业，只需将产品放在消费者最容易接受的零售终端，就能产生销量，营销也非常简单，“上下三板斧”。“上路的三板斧”在于明星代言、产品概念或品牌定位创意、电视广告，集中投放便可制造一鸣惊人的效果；“下路的三板斧”则是产品包装/VI（视觉识别系统）设计、招商、深度分销（人海战术）。“上下三板斧”若能协同运作，可快速打造超级品牌产品。因此这个时代产品就是最大的风口，也造就了当时的“下海潮”。

第二次变革发生在 2003 年淘宝出现至 2009 年，此时平台型电商井喷式爆发，电商模式呈现多形态、全品类、全覆盖的特点，这是一场巨大的“销售革命”，让传统零售商承受了巨大的压力，也结束了“渠道为王”的时代。

在那个时代，爆款、流量、转化率是“营销三板斧”，除了爆款可以勉强与传统营销力的“单品决胜”类比外，流量、转化率及相关技术是传统营销未涉及的新概念。那时最大的创业风口是“开网店”。

第三次变革是 2009 年至今，互联网的出现，极大地激荡着中国市场，爆发了互联网创业浪潮，之后随着互联网技术的日益发展，我们进入了移动互联网时代，这是一个每天都在爆发创新的时代，可供人们挖掘的领域太多了，几乎每一年都能够诞生全新的“风口”。

其实从这样的一个过程中，我们可以发现以下两个规律。

1. 从物质消费主导向文化消费主导转变

改革开放之初，人们的生活水平还不高，主要的消费还是基于生存需要，加之市场刚刚开放，产品短缺，中国第一批“下海”的人中出现了中国的第一批“富豪”。

当生存需求得到基本满足后，人们享受和发展的需求上升，人们开始追求更为便利、“有趣”的消费方式，故电商来势汹汹，文化教育娱乐类消费急剧增长。

然而，自我们进入移动互联网时代，产品发展过剩，市场竞争更为激烈，人们享受和发展的需求更为强烈，消费内容和消费方式开始逐渐摆脱“纯物质”的特性，更为侧重情感性和文化性。同时科学技术快速变革，一方面为人们提供更为便捷的消费渠道，另一方面促进新的商业模式不断产生。然而O2O、B2C、微商、新零售、内容电商、直播带货等，都离不开运用情感、社交、文化因素满足用户的享受、发展需求，文化消费导向已经形成。

2. 消费观念转变推动市场结构调整

中国历经“两个文明”（物质文明和精神文明）建设后，文化消费逐渐成为主流，这推动了新型消费市场的形成，使得市场从曾经的卖方市场转变为买方市场，企业也逐渐从满足型、质量型转变为创新型、创造型，渠道已经不再是王牌，创意、创新、创造成为产业结构调整的主流，企业必须与国际接轨，与社会对接，与人对接，并以人为中心。

由于观念型消费的形成，人们的消费支出开始从以生存、养老为主，转化为预期性消费的再分配，人们从曾经的供给消费、保守消费进入理性消费时代，其主要的标志是由保障预期消费向投资型消费、收益型消费转变。比如，人们日益注重投资商业保险、证券市场。知识消费是收益型消费的代表，用户通过消费换取知识是为了更好地提升自己，从而获得专业技能、专业知识等，拥有更好的品质生活。

所以，任何的风口不是凭空产生的，其背后都有着深刻的市场原因，而主要的原因是文化消费主导的形成和人们消费观念的转变。因此，在考察一个风口的时候，要看清这样的风口是否符合发展趋势。而市场的这种转变还在进行当中，未来人们会越来越注重自我发展的需求，知识、文化消费会进一步加强，这也为知本家提供了肥沃的市场土壤，预留了足够的市场发展空间。

02

移动互联网“撕碎”了知识

在移动互联时代，也许我们接收的知识非常碎片化，但是互联网知识经济的发展是一个系统的、必然的过程，我们需要深入研究，了解全新的文化生存空间。

碎片化的知识时代

文化消费主导的时代，不管是传统企业转型还是互联网企业发展，其重心依旧是社交和“电商”：把人“连”起来，把产品卖出去。直到2016年，面向个人的各类收费知识产品和互联网平台大批涌现，互联网经济的热点才开始正式转换，由“卖广告”“卖货”开始转到分享经济的“卖服务”和知识经济的“卖知识”，直至2017年相关平台全面爆发。因此，有人将2017年称为中国互联网知识经济元年。

互联网知识经济是由多重因素刺激形成的：

互联网技术、产品和商业模式；

在互联网、移动互联网环境下成长起来的新一代用户对知识的态度；

互联网带来知识的快速更新迭代——旧知识失效，新知识涌现；

人们的焦虑与对知识的渴求。

然而互联网知识产品又与传统的知识产品，比如图书、培训课程不一样，它具有以下四个特征：

一是渠道内容多元化；

二是传播形式多样化；

三是用户获取碎片化；

四是产品边界模糊化。

前三个特征很好理解，比如渠道内容多元化，我们获取知识的渠道可以是微信公众号 、知乎专栏、喜马拉雅付费频道等，且这些平台知识内容丰富多样，只有我们想不到的没有买不到的；传播形式多样化，除了传统的图文形式，还有音频、视频，更有在线实时问答等；用户获取碎片化，大多知识已被做了系统分解，方便我们利用碎片化时间进行学习。

至于产品边界模糊化，以知乎 Live 为例。知乎 Live，自称“实时语音问答产品”，讲者选择主题，招募付费听众，然后在互联网上进行约 1 小时的音频讲座或问答，在讲座的过程中用户可提问，讲座结束后用户也可重听，但是当它推出“互联网从业者的写作课”这种由四个讲座组合起来的产品时，又变成了教育平台，它的名字叫“Live 系列课程”，反映了教育的性质。

其实不管哪一个特征，都深刻地体现出了移动互联网知识的与众不同，它正深刻地变革着我们创造、重组、分享知识的形式，也赋予了移动互联网知识经济独特的文化发展空间。

互联网知识经济面面观

虽然互联网“撕碎”了知识，我们却要将互联网知识经济重新组合，全面来看待，从而识别当今知本家发展的文化空间特点，如图 1-2 所示。

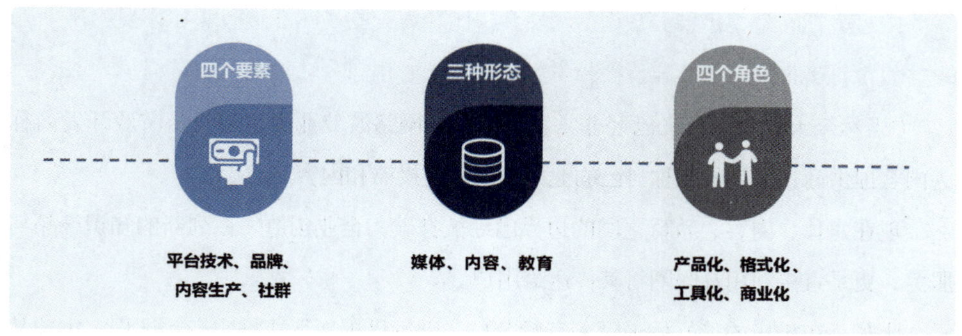

图1-2 知本家发展的文化空间特点

1. 互联网知识经济有四个要素

在互联网知识经济中，有平台技术、品牌、内容生产和社群四个要素。

平台技术解决了一个非常重要的问题，令信息快速、廉价传播，为知识产品的分享和服务奠定了技术基础。

用户在“购买”前往往无法判断产品信息与价值，需要强品牌背书（所以那些文化大咖的知识产品卖得好）。

对内容创造者、生产者，特别是媒体来说，内容生产要考虑独特性和价值性。

社群的天然属性是非营利性、自组织，互联网社群也未改变这一点。

因此，我们可以看到从不同的要素出发，所形成的知识产品、知识服务各有特点。

以微信为例，微信本身是社交软件，拥有非常成熟稳定的平台技术，能够实现实时沟通、分享；微信公众号注重内容生产，是众多知识明星和知识产品的发源地；微信群是场所，能承载一些教育产品。

对这四个要素进行组合，就形成了媒体、内容和教育三种知识形态。

2. 信息与知识的三种形态在融合

互联网知识经济的一个重要特征是打破了原来信息与知识领域的边界。

一直以来，面向个人消费者的信息与知识产品被分为三类，且边界分明：

媒体，通常以提供最新的信息资讯为主要目的，主要商业模式是广告；

内容，指的是直接售卖知识给消费者，比较直观的是图书出版业和影视业；

教育，是把知识与技能传授给学生以及提升学生自身认知能力的过程。

（当然今天内容的含义已经非常宽泛，比如网络游戏业界也通常将游戏开发商称为内容提供商，又如腾讯称自己的业务方向是连接器和内容产业。）

现在媒体、内容、教育之间的边界已经被打破，企业创造一系列新的知识产品与服务，更是直接利用互联网将其传达给用户。

比如马东推出的《好好说话》音频节目，以每日更新形式推出音频课程，主要教人如何“避开沟通雷区，把话说得漂亮”，它的内容和商业形式更接近于出版，但是产品功能性质是教育。

因此，不管是作为知识消费者、知识生产者，还是平台构建者，我们都要有预期，原有的边界会被打破，由此给我们带来一个更为丰富多元的文化环境。

3. 互联网知识平台有四个角色作用

知识平台是互联网知识经济发展的新引擎。除了作为互联网双边平台要承担连接者、匹配者和市场机制设计者的角色之外，互联网知识平台还拥有以下四个关键角色作用：

产品化，负责把知识变成产品与服务，而平台想要深入介入知识产品的生产过程至少需要重视三个方面——生成性或原生性、时效性（关注时间价值）、可解读性（注重知识产品的解读难度）。

格式化，提供互联网工具，处理新的信息格式，平台通常会协助一种格式内容完成从生产、分发到消费的全过程，并极力降低内容生产门槛，走向 UGC[1]，形成社区，其中的生产者又是消费者，如百度的百家号。

工具化，将知识变成工具，让我们能更容易地将知识投入应用中，在互联网中将

[1] UGC: User Generated Content，指用户原创内容，是伴随着以提倡个性化为主要特点的Web 2.0（第二代互联网）概念而兴起的。随着互联网应用的发展，网络用户的交互作用得以体现，用户既是网络内容的浏览者，也是网络内容的创造者。

知识转化为工具有两个角度——将知识转化为陪伴型的“教练”和将知识转化为软件工具。

商业化，协助平台上的知识生产者获得收入，以商业方式促进市场和生态的发展，这一角色作用目前尚处于起步阶段，一般是“生产者—平台—消费者”组成市场，单一的平台通常是围绕某种产品与格式构建完整的体系，并协助完成销售、收款等商务流程。

这四个角色作用未来都将极大地推进知识经济发展。

互联网知识浪潮让我们更新了关于知识以及知识的作用、传播、价值的很多认知，也让我们看到了一个全新的、多元的、开放的文化生存空间。

03

有“组织”也有“预谋”

人类正处于全球化、后工业进程中，在这场深刻的社会变革中，作为人类集体行动基本形式的组织，也正处于变革之中，其个体价值的提升、信息沟通方式的变化、资源组织方式的变化，为知本家提供了更具商业作为的组织空间，如图 1-3 所示。

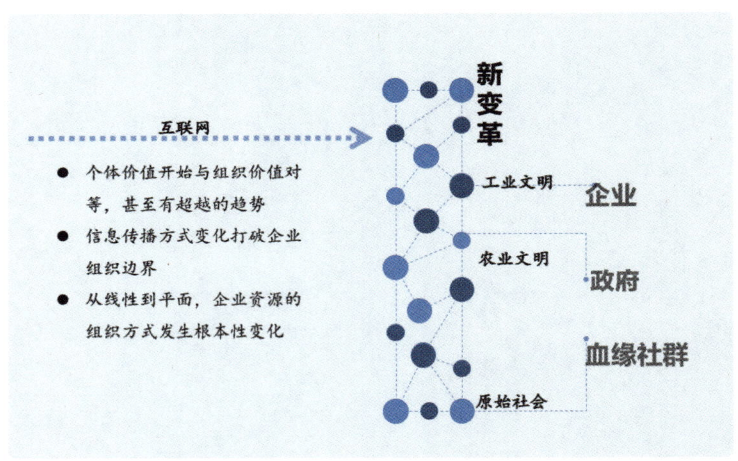

图1-3　互联网带来新变革

人类社会组织的三大变革阶段

人与动物的根本区别在于社会性，在整个人类的文明进程中，不仅伴随着文化和艺术的产生，还有组织方式的变革。

原始社会，人类依靠血缘社群关系组织在一起，是一种为了生存的“劳动组织”，可以完成的劳动任务也非常简单，几乎每个成员都可以独立完成整个任务，组织的规模很小，且个体间都是彼此认识、彼此信任的。劳动也被平均分配，其存在的基础是生存需要，个体一旦退出组织，往往也就无法生存。

随着人类社会的发展，诞生更为高级的劳动组织形式。政府依靠军队、税收等形式维持整个组织的运转。此时人物关系已经有点复杂，每个成员只能掌握一部分方法。每一个政府组织的任务也基本一样，修路、打仗，彼此学习、融合。劳动所得，往往归组织者所有，然后被间接地用于整个群体。

到了工业时代，人类的生产、协助越来越复杂，诞生了更多的组织形式，其中企业组织的出现最具历史意义。企业出现后，人类可以完成的任务的复杂度、类型数呈指数级增长，极大促进了生产力的发展。企业的规模大小不等，一般是合同制、中心化管理、按劳分配。组织的基础是法律，个体资源有偿地参与组织，但要遵守一定的契约。

今天，企业依然是重要的组织形式，传统的组织也呈现正三角金字塔管理模式，具有结构稳定、多层级、权责分明和机制固化的显著特点。整个组织的运转也是靠决策“上传下达”的流程。

然而，这种模式正在不断受到互联网的冲击，人类社会正在迎来第四次组织变革。

互联网时代的组织变革三趋势

现代企业组织管理的规范始于美国古典管理学家弗雷德里克·温斯洛·泰勒。泰勒从工厂管理入手，将管理职能和执行职能分开，进行标准化管理，适应了工业革命和大机器生产的需求，打下现代企业组织管理基础，然后法约尔、巴纳德等管理学家和斯隆等企业家不断完善和创新，形成了现代组织管理体系。

然而，自2013年以来，全球实体经济下滑，金融体系陷入困境，企业家资产缩水……人类似乎进入了风险社会，危机事件频发，与之不同的是，互联网经济欣欣向荣，仿佛是千万棵病树前头的一抹春色。这引发了政府、企业界和管理学界的极大触动。

于是焦虑的人急于寻找出路，他们基于互联网带来的平台经济、共享经济、通证经济等新兴的经济现象，开始高喊着“去管理化”“去 KPI（关键绩效指标）化”“去中介化”“去中心化”等。

不得不承认，这些论调有着其合理性，也在市场中得到了一定的验证，但是我们应该明白，这样的组织变革还在路上，这些论调不过是变革的种种表象，我们要认知的是促使这场变革的原因所在及变革趋势所在。

其实，组织管理可以归结为三大功能：

把人组织到一起；

把资源整合到一起并合理分配；

推动组织成员为共同目标一起努力。

而促使这场组织变革的是互联网在传统组织管理三大功能的实现上，产生的三个方面的冲击。

1. 个体价值开始与组织价值对等，甚至有超越的趋势

大机器生产时代，金融资本与产业相结合，个人被固化在岗位上，岗位是固定的，人是流动的，正所谓“铁打的营盘流水的兵”，个人价值被组织价值超越，并越来越不被重视。

但是 20 世纪 50 年代至 60 年代的民权运动，让大型组织中的个体价值被关注，人们开始关注个体价值的实现，到了 20 世纪 90 年代，人类进入互联网时代，真正开始推动个体价值的提升，而不仅仅是出于人性关怀，其主要原因有两点：

一是沟通成本下降，沟通效率提高；

二是利用互联网个人便可有效进行资源整合，且方法多样，整合资源的体量也在快速增长，企业只要有合理的商业模式，就可以快速聚拢庞大的资源进行产业化培育。

也就是说，过去必须依赖组织才能完成的商业行为，现在我们个人完全可以独立完成，很多互联网公司也都是个体价值的体现。

因此，互联网对企业组织的第一个冲击便是促使了个体价值的上升，个体对组织

的博弈能力加强，开始挑战现有的组织管理方式。

2. 信息传播方式变化打破企业组织边界

在过去的企业组织中，信息传递的方式比较单一，正式信息经正式渠道“上传下达”，组织中的每个人都有着正式的信息沟通渠道，但是与工作无关的信息基本在企业边界之外，比如我们从外部媒体、网站得到新闻、招聘、生活等方面的日常信息，员工与外部媒体基本是单向的信息接收关系，或有少量的沟通。

随着互联网的发展，尤其是移动互联网时代的到来，我们获得非正式信息的渠道空前发达，这改变了我们的社交关系和商业关系：

曾经单向信息接收的网站、媒体变成了具有互动性的信息沟通平台，甚至具备很强的社交性。

圈层化社区兴起，我们能在虚拟网络中重建社交关系和商业关系。

非正式组织（平台）帮助个体提升与企业的谈判能力，加速了员工的流动性。

未来社群的演变趋势将从虚拟走向真实，从线上互动走向线下互动，从而构建真实的社交关系和商业关系。

如中国实名制商业社交平台脉脉，脉脉 App（手机软件）于 2013 年 10 月上线，不仅为用户提供职场招聘、人脉管理、匿名职场八卦等服务，2016 年还推出了免费帮助员工维权服务，开始与用户进行线下互动，提升了个体对组织的谈判能力，促进了个体价值的提升。

因此，互联网带来的信息传播方式的变化，让个体更容易得到外部资源的支持，让组织管理边界被打破。

3. 从线性到平面，企业资源的组织方式发生根本性变化

共享经济、零工经济、众筹、开源社区[1]……互联网不仅提高了运营效率，更改变了资源的组合方式，比如众筹解决了高科技创业初次融资和出资者的参与问题，开

---

[1] 开源社区：又称开放源代码社区，一般由拥有共同兴趣爱好的人所组成，是根据相应的开源软件许可证协议公布软件源代码的网络平台，同时为网络成员提供一个自由学习交流的空间。

源社区让特定的人群像蜜蜂一样自组织协作，组织和管理成本趋近于零。

因此，互联网能将用户、各类资源大规模地连接起来，形成强大的倒逼供应链的竞争优势，甚至包括话语权和定价权的倒逼，引起行业的价值链重构，进而引发相应企业内部资源组织方式的重构。

其实不管是个人价值在组织中的提升，还是组织边界的打破，抑或个人资源整合能力的强化，都会在组织空间中加大知本家的权重。

而这带给我们的启示——要重新定义组织学习。

第一，个人与组织共同学习，个人与组织共同成长。

当个人的“权重”在组织的作用中日益凸显，管理的核心在于激活人，企业依靠人的创造力来实现绩效目标、持续发展。我们一定要学会让企业真正具有学习力，从而变得更有成长性。

然而，通过观察我发现今天的企业有两个现象：老板的学习机会太多，员工的学习机会太少；老板学习之后与员工分享，结果发现员工听不懂跟不上自己的思维，焦虑，员工因为发现自己与老板差距越来越大，焦虑。

很多企业也意识到了这个问题，会组建商学院和商业教育模式，但是做得最多的却是“知识普及”，只是传播了知识和信息，这并不能为企业成员赋能，企业成员只是“了解”而没有成长，并不会给企业带来什么实质性的改变。

因此，我们组织内部的学习，不能只是传播知识和信息，而是要赋能，让个人学习和组织学习组合在一起。可以让管理者带领员工学，共同讨论企业的问题，共同得到答案，最终形成行动方案，直接赋能绩效。

第二，激活组织创造力的好方式——具备学习力。

如果朝着管理者带领员工学这个方向走，企业在组织内部学习中则会承担3个角色：

组织学习的锻造者，将这种学习方式制度化，形成企业文化；

组织绩效的推动者，将这种学习方式作为一种业绩创造方式，提升企业绩效；

组织未来的整合者，将这种学习方式作为企业人才的整合方式。

如果我们能够做到这些，就能让组织自身具备学习力，就拥有了一个赋能型组织，可以不断形成好的团队文化、共同的语境，让企业成长速度非常快。

就像很多人常说的那样，“这是一个英雄辈出的时代，但更应该是一个集合智慧的时代”。如果今天我们没有能力去集合优秀的人，就没有办法发展，形成真正的核心竞争力。同样，一个优秀的人，如果不在一个集合智慧的平台上，也不可能产生更多的价值。我们做事情要最终形成价值闭环，这样才可以持续发展。

04

知本主义：给每个行业应有的信仰

如何理解未来更为复杂的商业社会？换个角度，从人这个基本的维度来看可能会更为简洁，未来，人可能只会分成两类：知本家和非知本家。

人类商业社会正在诞生第四种人

在商业社会，资源的流动路径是资源—企业家—投资者（资本），于是对应地产生了三种人。

资源者，即资源的直接拥有者，通过售卖自己的资源存活，如农民靠耕地、医生靠技能。

配置者，即拥有资源使用权的人，从事资源的“投入—整合—运营—产出”等一系列流程活动，企业家、创业人士都属于这种。

资本家，虽然离资源最远，但有资源掌控权的人，他们往往不直接参与资源的系列活动，只是利用资本在幕后进行操作，如风险投资人。

所以，资源名义上是资源者的，实际上都是资本家的。

一般我们扮演资源者的角色：找一份工作，出售自己的资源换来财富，但获取的财富是非常有限的。能力较强的，会是配置者，通过脑力去设计资源的配置，通过优化资源去获取财富，收入也跟配置的效率成正比，上不设限，同时要为自己的资源配置承担风险，下限就是破产。

至于资本家，来自时代的“积累”，第二次工业革命后掌握了科技的企业家们，能够迅速地积累起巨额财富，他们的企业对社会产生极大的影响，为了进一步获取高额利润，他们彼此之间互相协议、联合，这时他们开始退居幕后操作这一切，演变成资本家。

互联网知识经济的兴起也让商业社会诞生了第四种人——知本家。这类人开始打破资源者、配置者、资本家之间的边界，比如罗振宇，他的资源曾是自身的知识体系，之后他马上推出得到 App，整合薛兆丰、Dr. 魏、宁向东、武志红等行业大咖资源，快速聚集大量财富，他身上兼有资源者、配置者、资本家的特点，具备核能一般的商业能量。

知本家的“核”引爆力

托夫勒在《力量转移》一书中，指出世界上有三种基本的“力”——暴力、财富和知识。在当代社会，这三种力量中的知识，已成为“更优质”的力量：

知识是资源；

知识是能力；

知识是资本。

相应的知本家也就拥有三种“超能力”：

1. 资源力

资源是经济的根本来源。农业社会主要资源是土地，因此人们争夺土地，占领地盘；工业经济时代，主要资源是自然资源，因此人们划分势力范围，争夺自然资源；

在知识经济时代，主要资源是人才，随着知识经济的发展，企业对创新性人才的争夺越来越激烈，争夺手段也越来越隐蔽。

而知本家本身就是知识和技能的“代言人”，他们本身就是资源，在当今时代，他们利用知识和技能就可轻松实现创业，因此具备超强的资源力。自然资源是会枯竭的，唯有知识生生不息。

2. 整合力

互联网改变了我们对资源的组合方式，它会是知本家便利、低成本的资源配置工具，能够让他们快速实现资源的整合、配置、利用。

3. 投资力

也许目前知本家无法拥有资本家雄厚的资金实力，但是当今投资方式已经非常多元化，知本家可以技术入股，可以充当企业顾问参与某一领域，可以转让专利……这些都极大地拓展了知本家的投资渠道，也极大地放大了知本家的投资力。

以知本家为主导的企业，会是知本主义企业，会采用一种重视知识资源，评价知识价值，实现知识与资本的转换，促进知识创造并按“知”分配的运营机制。伴随着这种趋势的深化发展，一个新时代就要来临，其绚丽的曙光已开始一缕缕地照在我们的额际，令我们目眩神迷。

第二章

知本机会

——找到光能照进的缝隙

西方正在经历“第二次镀金时代[1]”，而新兴国家正在经历自己的“第一次镀金时代[2]”，如今的世界，第一次和第二次镀金时代并行，简称“双生镀金时代”。

——克里斯蒂娅·弗里兰《巨富：全球超级新贵的崛起及其他人的没落》

[1] 第二次镀金时代：由科技和金融创新及新兴国家崛起等动因催生的创富时代。

[2] 第一次镀金时代：从南北战争结束到20世纪初美国由于工业革命而催生的创富时代。

是什么决定了中国新贵阶层的走向？知本家！

随着中国经济的发展，生产要素的变革，商业模式的演变，知识已经不再是一般的资源、手段，而是发展内核，这也把知本家从经济舞台边缘推向了中心，让知本家越来越“星光四射”。

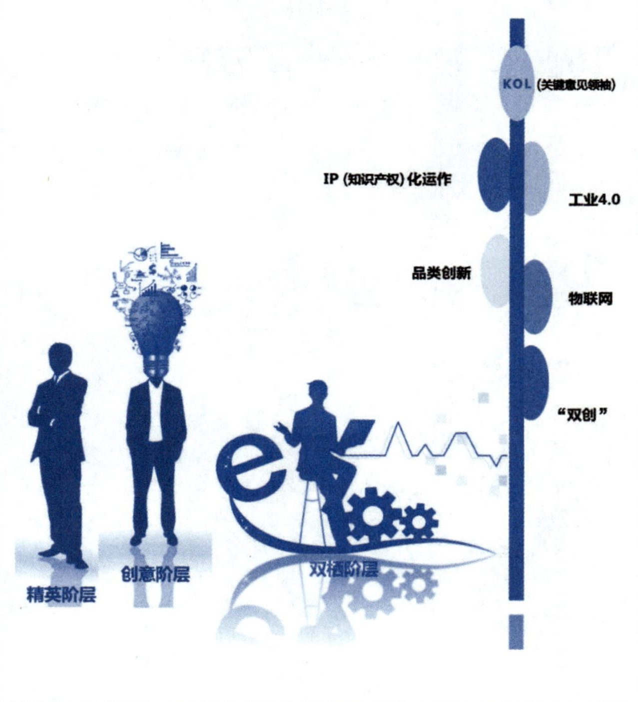

01

“围观”中关村，“互联网＋双创”是一道光

20 世纪 90 年代曾有人在中关村立起一个广告牌：“中国离知识经济还有多远？向前走 100 米！”

那么，几十年后的今天，中国离知识经济还剩多少米呢？是 50 米，还是更短？这背后的核心驱动力是什么？

建设中国硅谷，发展知识经济

20 世纪 80 年代，对中关村第一批创业的科研人员来说十分特殊。

他们经过对美国硅谷的考察，回国后看到国内大量的科技成果被尘封，深感可惜，同时，有一批知识青年回城无事可做，他们觉得“天时地利人和”，便“大胆”地开始“试水”，转化科研成果。当时中关村极有名的公司是“两海两通”——京海公司、科海公司、四通公司、信通公司，还出现了一家电子市场——四海电子市场。

20 世纪 90 年代，中关村进入高速发展阶段，自信地提出了“建设中国硅谷，发展知识经济”的口号，甚至有企业在中关村路口立了一个牌子：“中国离知识经济还有

多远？向前走 100 米！”从那时起中关村也成了中国知识经济的“标志”，并在政府的支持下，真正地由“电子一条街”演变为真正意义上的“中关村”。中关村发展历程如图 2-1 所示。

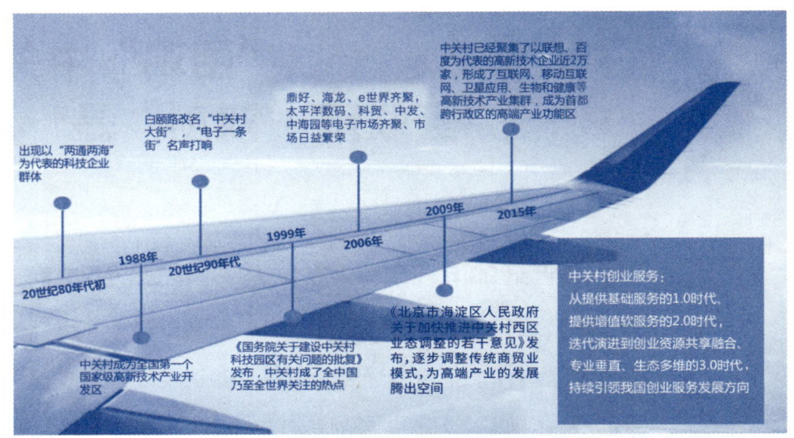

图2-1　中关村发展历程

如今，中关村发展了几十年，我们见证了中国科技革命的起步，商业的互联网化、全球化，中关村也形成了“21 岁”现象、“创业系”“连续创业者”等多层级的创业群体，打造了集合天使投资人、创业服务机构、社会组织、创客孵化器等完整的创业产业链，吸引着全国乃至全球的创新创业要素在此聚集、融合。

2015 年《财富》杂志推出“中国 40 位 40 岁以下的商业精英”榜单，在这 40 人中有 22 位是来自北京中关村的创业者：滴滴出行的程维、柳青，美团创始人王兴，以太资本创始人周子敬……他们凭借着自主研发技术、创新模式在市场崛起。

《财富》杂志用这样的话介绍他们：“现在美国 40% 的 GDP（国内生产总值）是由那些 30 年前还不存在的公司创造的。因此可以预见的是，初创企业尤其是年轻的企业家将为中国的经济转变和增长做出可观的贡献。”

而新一代“商业精英”的成长环境则是中国第二次镀金时代的到来，其背后主要的推助力是“互联网 + 双创”。

“互联网 + 双创”势头强劲

2014 年，李克强总理在夏季达沃斯论坛上公开发出“大众创业、万众创新”的号召，“双创”一词由此开始走进大众视野；2015 年，李克强总理正式提出制定“互联网 +”的行动计划，力挺互联网行业的未来。

“双创”“互联网 +”，几乎所有创业者都在搭着它们发展，中国亿万富豪人数正以令人瞠目结舌的速度增长。

2017 年，瑞银和普华永道联合发布了《2017 全球亿万富豪报告》，指出亚洲拥有世界上最多的亿万富豪，每隔一天就有一位新的亿万富豪诞生，而中国企业家的崛起促使亚洲亿万富豪的人数几乎增长了 1/4，达到 637 人，其中，马云、马化腾、李彦宏、雷军等互联网大亨们神话般的奋斗史为众多创业者构造了一个仿佛触手可及的美梦。整个中国市场掀起一股互联网创业潮、转型潮，激荡着中国大多数行业。

然而，如果将时间线拉长至 21 世纪初，将视野范围扩展到全球，过去的十余年被称为第二次镀金时代。中国等亚洲国家虽然与美国同处一个镀金时代，但受益于城镇化进程，走在前端的两个行业是消费品及房地产行业，分别贡献了 20% 和 12.9% 的亿万富豪，而美国则是科技和金融行业，分别贡献了 30% 和 27.3% 的亿万富豪。这种“造富引擎”上的差距，决定了不同的“镀金质量”，也给中国带来新的“镀金启发”：科技及商业模式创新。

中国经历了 1956 年“向科学进军”、1978 年“科学的春天”，直到 20 世纪 90 年代信息技术革命将“第三次浪潮”（见图 2-2）推向顶峰，中国开始拥抱科技变革的全新机遇，也是借着这个契机，中关村开始崛起。

我国拥有 9 亿多网民，我国互联网信息技术走过了引进、消化、吸收和再创造的发展阶段，正逐步缩短同发达国家信息化程度的差距。同时，国家利用“互联网 +”“双创”的政策激励机制，让中国逐渐成为“富豪沃土”。

从信息基础设施研发制造看，高性能计算、新一代移动通信、航空航天等领域取得突破，不断接轨世界先进技术。

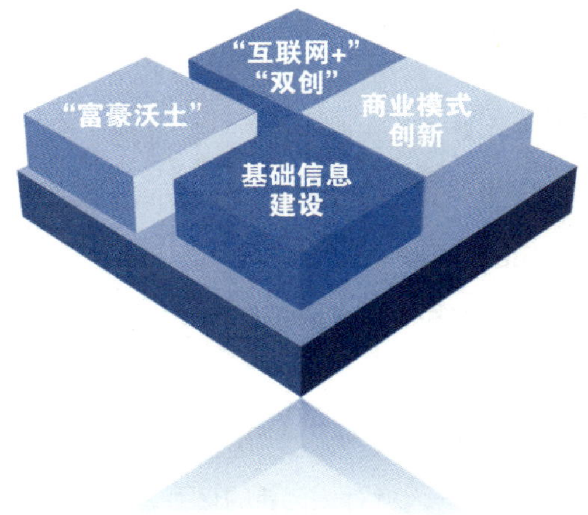

图2-2 "第三次浪潮"

从商业模式创新看，社群经济、共享经济、新零售、股权众筹等各种探索方兴未艾，商业模式持续演进，科技赋予"古老"商业崭新的活力。

从国家政策激励看，"互联网+""双创"支持一批企业技术创新中心和产业促进平台发展，不断优化创新创业的生态环境，促进移动互联网产业不断做大做强。

正是由于这样的技术、市场、政策的鞭策，及大量白手起家新一代富豪叱咤商场的刺激，海量年轻人投入创业潮中。据腾讯大数据统计，2012年到2015年，腾讯开放平台上的创业者人数增长了36倍。

这是一组很漂亮的数据，也许你我也是其中一员，但是创业真的那么容易吗？创业只要有激情、有热血、有资金就能够成功吗？事实并非如此，数据显示，中国创业公司的失败率高达80%，并且企业的平均寿命不足3年，大学生创业的失败率更高，在这股风潮中真正实现商业梦想的人，屈指可数。

为何会如此？

“双创”要搞清楚“互联网 + 什么”

对于很多人来说，“双创”的引爆点是“互联网 +”，“互联网 +”也确实很好，但是很多创业者只关注互联网，却不知道互联网究竟怎么用，“+”的后缀到底是什么。

很多人认为：只要在互联网上有个好想法，一个好策划，“粉丝”足够多，各种风险投资就会蜂拥而至。可现实的情况是，不少以互联网为平台的公司为引来风投，将主要的精力放在了“点子”“吸粉”和“大数据”上，而真正在新产品新技术研发、企业实体的构建、效益点挖掘上投入的精力很少，以至于大量泡沫产生。

以直播为例，2016 年是中国网络直播元年，直播成为当时的大风口。众多创业者涌入，甚至大公司BAT（百度、阿里巴巴、腾讯）也入局，细分领域平台涌现，如：依靠背后强大社交平台流量支撑的一直播；主攻游戏的斗鱼；无内容细分泛生活内容制作，靠明星、公益宣传等崛起的映客直播等。

但是，截至 2017 年年初，据不完全统计，国内至少有 116 家直播平台，90% 还处于 A 轮及 A 轮之前，处于天使轮融资的约占 30%；多家没有拿到 B 轮融资的直播平台处于关闭边缘；有些已经关闭的平台依然未能还清拖欠主播的款项。

这些直播平台初创时，没有广告等盈利方式，只能依赖融资，但当直播平台行业竞争生存趋于稳定时，那些没有细分特色、没有 IP 内容支撑、没有实际的效益转化的平台，便很难在竞争中生存，最后只能被淘汰。

而反观那些在互联网时代脱颖而出的中关村财富新贵，在“+”的后面都有一个“靠谱”的后缀。

如小米科技雷军、拉卡拉孙陶然、去哪儿网庄辰超、爱奇艺龚宇等都是巧用移动互联网的“基因”，用实际的技术研发和脚踏实地的产品运营，颠覆了人们对硬件、支付、旅游等传统行业的想象。

因此，“互联网 +”的背后仰仗的应该是看得见摸得着的实体经济，只有这样“互联网 +”才是有根之木，有源之水。

“双创”好比我们仗剑江湖时所能依靠的强大宗门，而互联网则是我们手中的一把宝剑，宝剑威力的爆发来自我们自身深厚的功力和创新的招式。因此，想要依靠宗门和宝剑成为英雄，先要打磨的是我们自身，以及将技术转移到商业场景中的能力。

02

IP 化运作：将知识作为爆炸原点

如果说还有哪个领域是巨头再努力也无法完全占领的，那一定是内容创业。

随着移动互联网的发展，历史上也从来没有像今天这般的时期，只要你有足够爆炸的知识和内容，就可以撬动“地球”。

个人品牌时代正在来临

微信在开通公众号业务的时候，表示：再小的个体，也有自己的品牌。其实我们可以把它明确为“再小的领域，也可以拥有自己的 IP”。为何这么说?

先说一个有趣的现象。经常有一些非常不错的自媒体平台邀请年轻人发布原创文章。但是据我了解，这些具备原创能力的年轻人大部分都开通了自己的微信公众号，坚持在自己的平台上发文章，宁愿一元一元挣打赏钱（大多 50 元都不到），也不愿意在其他平台赚几百元的稿费。因为他们意识到规则变了：一个更加有利于拥有个人品牌的时代正在来临。

而这些年轻人根本就不是“网红”，他们只是在某个领域非常专业的人。

比如秋叶，他并非人人熟知的“网红”，而是以 PPT（演示文稿）制作这样的技能实现知识变现的细分领域牛人，他在 PPT 制作领域或职场，是比明星和“网红”更有号召力的垂直 IP。再比如萧秋水，也许你是第一次听到她的名字，但是她的知识管理音频课程在喜马拉雅上线后，短短三周销售额就突破 30 万元，她在知识管理这个细分领域中成功打造了自己的 IP。同时随着短视频、直播的崛起，许多人也加入到了这个行列，他们通过自己的内容创造、知识分享，打造了自身形象，实现了知识变现。

（IP 这个概念最早来自知识版权，如小说、剧本的作者可以不断地销售改编权，创造巨大的文化产业收益。不过今天我们谈的是泛 IP，不仅仅故事可以 IP 化，产品、个人都可以 IP 化。而这种趋势的演变更是得益于移动互联网时代的到来。）

网络及智能手机的普及让我们在信息接收和社交上登上了一个新台阶，特别是微信的出现更是将碎片化的信息获取方式带入我们的生活，我们可以 24 小时在线，随时随地接入网络，PC 时代[1]已经被移动互联网时代取代。

而进入移动互联网时代，虽然信息越来越泛滥，但是选择权在我们自己手中，随着这种“有选择”，我们所能关注的世界越来越小，这为手工艺人、技术达人、文创大咖等群体带来了新的发展机遇，只要拥有某一技能或某一领域的极致知识，便可在细分领域打造专业 IP，实现个人品牌建设、知识变现。同时，人们非常愿意追随自己信任的专业 IP。可以说在专业领域内，IP 比明星更有号召力。

不难预见：未来的商业营销模式不再是围绕产品或品牌，而是围绕专业领域的知识型 IP，其是大家通过网络“海选”出来的“信任代理”，知识型 IP 会成为未来商业的入口，获得越来越高的定价权。

[1] PC时代：计算机时代。计算机最流行的时代，应用软件都还是在计算机上运行，上网主要靠计算机。

知识型 IP 的黄金闭环：知识（内容）+ 平台 + 交易

一些敏锐的弄潮儿早就嗅到了知识型 IP 的重要性。

那么他们是怎么做的呢？

罗振宇的《罗辑思维》给大家带来了对知识型 IP 最直观的感受，他通过内容分享、发展会员和代理书籍的广告实现了知识变现，更是推出了 PDF（便携式文档格式）浓缩书这样的知识型产品。

其实，仔细研究罗振宇、秋叶这类成功的知识型 IP，我们会发现这样的一个黄金闭环：内容—平台—交易（见图 2-3）。

图2-3　知识型IP的黄金闭环

1. 内容——价值化开发

打造知识型 IP，内容绝对是重头戏。在今天渠道不稀缺的情况下，只有能让人认同的、拥有强烈价值的内容才是稀缺的。

而这个强烈价值体现在两个方面：

内容的极致性和实用性；

强烈人格所代表的价值观。

这几年已有这样一个趋势：大量的小众文化崛起，而大众文化正在衰落。正如中国的奢侈品市场，很多大品牌正在逐渐衰落，同时很多小众品牌正在崛起。

而小众文化的崛起基本都有这样一个共性——拥有自己的亚文化圈。这个亚文化圈就是知识型 IP，它的形成靠的是前期极致的实用性的内容打造，并在打造内容的同时赋予自身强烈的人格色彩和人格魅力。

比如，影评界的毒舌电影。这个知识型 IP，在刚注册时，没有任何的推广，完全凭借内容就积累了 5 万“粉丝”。作为重度电影控的聚集地，毒舌电影分享的几乎每一篇影评都足够大胆、犀利，同时专业、有深度，读者看得过瘾，获得观影指导，更是通过其文风、态度感受到专业、正义、豪放、不羁的个人风格，它能够赢得一大批电影控拥趸自然也就不奇怪。

所以，打造知识型 IP 内容时，一定要做到极致、实用、价值化。

另外，随着细分领域竞争加剧，未来品牌之间的竞争可能不再停留在性价比阶段，会进入品牌文化竞争阶段，但一定是以价值传播为品牌传播方式，做品牌就是做文化，而做文化就需要 IP ，因此不管是不是以打造知识型 IP 为目的，拥有强烈价值的内容打造都必不可少。

2. 平台——多平台站位

有了好的原创内容，要在多个平台上发布，也就是最大化地“刷存在感”，IP 影响力才能持续扩大，并持续地植入多个领域之中，形成有效的商业推广。

也就是说，当你的内容在一个平台上取得了领先位置，要快速地借助这种影响力卡位更多的平台，抢下这个领域的山头，不断增强自身变现能力。

那么，现在有哪些平台值得卡位呢？

社交平台类：微信朋友圈 & 公众号、微博、QQ 空间等。

论坛类：知乎、豆瓣等。

新闻 App 类：今日头条、网易新闻客户端、搜狐新闻客户端、看点快报等。

短视频类：抖音、快手、秒拍等。

在线直播类：斗鱼、映客直播、花椒直播等。

声音电台类：喜马拉雅、荔枝、蜻蜓 FM 等。

视频平台类：爱奇艺、腾讯视频、优酷、搜狐视频等。

需要注意的是，平台生生死死起起伏伏都很常见，比如曾经火的是“内容 + 公众号”，而当今火的是“网红 + 直播”，任何的平台都有红利期，抓住平台红利期入驻很重要，这往往决定了你后续的传播成本及空间。因此，平时你要对所有平台保持一定的关注度和敏感度，并且能够快速做出反应，通过平台红利期最大化地爆发自己的能量。

3. 交易——产品化链接

交易就是把内容、知识转化为产品链接用户，也就是知识变现。

比如，秋叶通过微信公众号发展“粉丝”会员，将自制的视频课程通过网易云课堂等教育平台销售，再加上图书出版、会议演讲、线下主题活动等方式实现了知识变现。

尽管产品的形态多种多样，但是交付给用户的产品一定要满足用户的一定价值诉求，可以是经济诉求也可以是情感诉求，这是顺利实现商业价值的前提。因此知识产品的设计非常重要，一般都需要考虑以下两方面内容。

生成性或原生性价值，也就是产品在交易时产生的特性或品质。凯文·凯利在《必然》一书中将原生性价值细分为 8 类：即时性、个性化、解释性、可靠性、获取权、实体化、可赞助和可寻性。

关注时间价值，能够替用户节省时间。克莱·舍基在《认知盈余：自由时间的力量》一书中提出全世界受教育公民的自由时间的集合体，是一种全新的资源。时间才是真正的战场，如果我们能将自己的自由时间与用户的自由时间有效地组合，可能会形成巨大的社会价值和经济价值。

而通过精心的设计，一旦我们与用户产生了交易，便能带来三个好处：用户拥护、跟随，“黏性”增加；自身盈利；与用户达成深度连接，刺激着你不断地去创新内容，从而形成整个知识 IP 的运营闭环。

最后讲一下我的感受，也许不是所有的知本家都是知识型 IP，但是存在这样一个事实：无论何种品牌和产品，面对的人群更加年轻化、更加分散，而通过人群聚焦做基于 IP 的各类产品可能是未来的一大趋势，IP 化运营会逐渐成为一种工具，成为人人应了解、掌握的技能。

03

站上风口，知本创业

当你对趋势、工具都有所了解后，你能想到未来的机遇吗？虽然 2050 年的人们认为的最伟大的产品现在可能还没有出现，但是一些风口却已经出现。

想要成为一名创业知本家，拥有前瞻性的眼光很重要！

尽管很多人觉得这两年是资本寒冬，但是依然有大咖相信尽管资本的环境风云变幻，市场从来不缺机遇，从来不缺风口，现在是创业最好的时代。

同时市场正呈现出三个特点：

消费对中国经济贡献率达到了 66.4%，已成为拉动经济增长的第一动力，消费与服务依然蕴藏着大量的创业机会。

传统产业正在经历从互联网到物联网的过渡，这将是中国新一轮的创业机遇。

前沿技术带动的高科技、智能化产品正在成为大热门，拥有知识、技术话语权就是含着“金汤匙”。

与之对应的便有三个大的创业风口：品类风口、创投风口和知识风口，如图 2-4 所示。

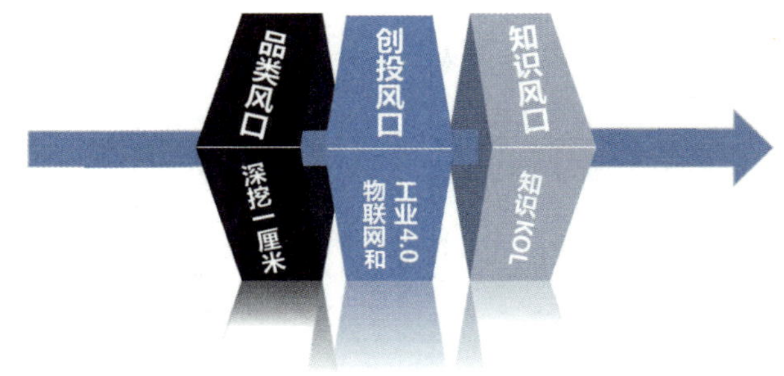

图2-4 三个大的创业风口

品类风口——深挖一厘米

2017 年，国际知名咨询公司波士顿咨询公司（BCG）与阿里巴巴旗下阿里研究院的报告显示，中国近年整体经济虽然放缓，但是消费市场仍将以年均 10% 的速度增长，预计到 2021 年市场规模将达到 6.1 亿万美元，相比 2017 年约增长 1.8 万亿美元。

同时，随着人们的消费需求、生活方式和想法态度的改变，中国的消费市场逐渐呈现出新的特点，催生出越来越多新的细分消费群体。

比如单身潮流的兴起，让“都市单身贵族”呈现出与其他消费者截然不同的独特需求，他们注重体验与感受，紧跟潮流风尚，造就了当今市场的“体验至上主义”。

这些新的特点，一方面让知本家有更多的机会实现知识变现，另一方面则显示出消费市场的无穷潜力和创业机遇——品类创新，也就是在品类中深挖一厘米创造出新的细分品类。

世界营销大师艾·里斯及其女儿劳拉·里斯在《品牌的起源》中，把品类提升到品牌理论的核心。他从达尔文《物种起源》中得到启发，指出：品类是商界的物种、品类像物种一样不断分化产生新品类、品类像物种一样不会融合、品类盛衰决定品牌盛衰、打造强势品牌的捷径在于开创并主导一个新品类。

而投资大咖冯卫东，从探究用户购买决策涉及的共性问题着手，提出了品类三界论，将品类划分成了三类，如图 2-5 所示。

产品品类——直接为使用者创造价值或效用的产品及服务；

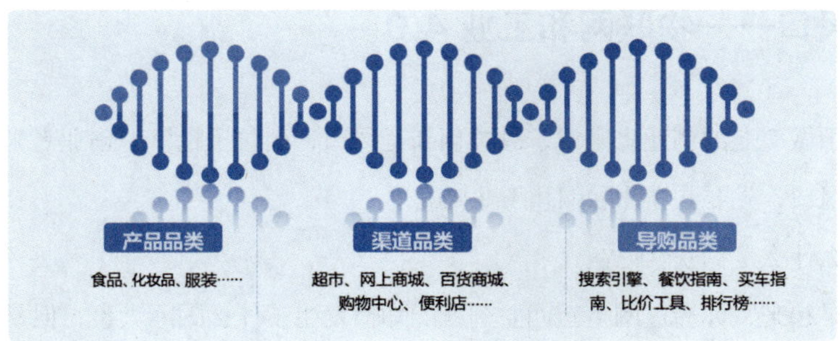

图2-5 品类创新——品类三界论

渠道品类——为用户提供的一种购买渠道；

导购品类——指导人们购买决策的服务或平台。

结合这些大师的观点，我们可以得出：品类创新是品类的自身演化，通过演化，产品本质属性得到改变，企业从而创造出新的细分市场，抢占市场份额。

作为首创者往往可以独享品类发展初期的市场利益，并最终成为该品类的代表性品牌。

因此，想要做好品类创新，需要注意以下三点：

依据自身优势，选择好品类入口，且所要创新的品类是存于用户心智中的，是可以被挖掘的。不要凭空创造一个新品类，这往往需要巨大的成本，这对创业者来说是非常不利的。

高度竞争的市场条件下，最好遵循从小品类到大品类，从边缘品类到主流品类的创新规律，以“小”为入口，不断地对细分领域进行蚕食，以保证“小成本高回报”。

新品类起源于老品类的演变和分化，判断是否创造了一个新品类，要看自身产品的本质属性是否已经改变。

总之，并不是所有的产品创新都是品类创新，但是一旦品类创新成功，就有可能颠覆传统或改变市场，为创业者带来极大的发展机遇。

创投风口——物联网和工业 4.0

对于做实业的创业者来说，品类创新是风口，而对于投资型创业者来说，想要把握创投风口，先要弄懂物联网和工业 4.0。

那么什么是物联网呢？

一早起来，你通过网上新闻立刻就能知道发生了什么国际大事，但是你可能不知道你邻居家昨晚被盗了。互联网带给我们的地球村只是信息的地球村，而不是实体的地球村，而且互联网信息都是人为输入的，有真有假，大都是“马后炮”。而物联网通过互联网实现“物物相连”，面向实体物理世界，以互联网技术为支撑、以感知互动为目的、以社会属性为核心，是物理和信息深度融合的全新体系，是真实世界的镜像，在其推动下，我们也迎来了工业 4.0。工业发展历程如图 2-6 所示。

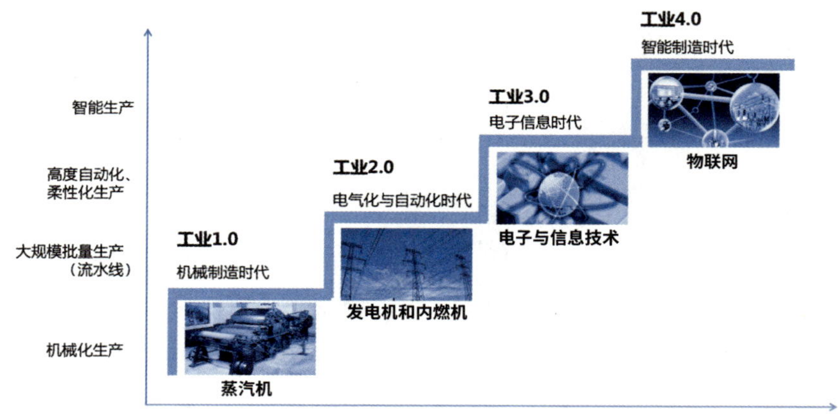

图2-6　工业发展历程

有人做过预测，未来物联网的市场容量将是现在互联网的 10 倍以上，未来 5 年，肉眼可见的事物都可能被物联网化，智能家用电器、无人汽车、机械设备……仅是中国，就将有 500 亿量级的智能设备被连接，产生的数据量将会大大超越互联网时代，让“互联网 +”晋级为“互联网 ×”。

走进物联网时代，就是走进一个新时代，财富概念也将发生变化，财富不再以占有土地、矿产、工厂等有形的资产来衡量，而是以拥有的信息、知识、智慧等无形的资产来衡量，因此出现了五大创投风口—— “5T”。

IT（互联网技术）领域，互联网技术的发展是永无止境的，每一次的技术飞跃都将对我们产生巨大的影响，如区块链技术、人工智能；

DT（大数据技术）领域，未来最值钱的资产可能是数据；

BT（生物医疗技术）领域，从基因测序、基因修复，到细胞治疗，整个行业都将被激活；

FT（金融科技）领域，随着互联网金融的崛起，移动支付等转变升级，金融行业将被注入新的活力，全面发展；

ET（能源科技、环保科技）领域，清洁能源、可替代能源方面未来都将有良好的发展前景。

这五大创投风口自身发展前景良好，比如，区块链技术将极大地影响生产和交易行为；新能源汽车将改变我们的出行方式；人工智能是目前政府大力支持的产业，发展迅速；国家积极推进智慧医疗的发展……

整体来说，在物联网和工业 4.0 时代，中国发展更多依靠科技的创新，技术的创新，创投的风口也会更集中在科学技术领域。

知识风口——知识 KOL

2016 年是知识付费元年，知识付费成为一种新业态，搅动着所有知识者的神经。细究其原因可发现，这是人们消费升级和知识需求升级双驱动的结果。

过去我们买东西主要是为产品本身的价值买单，但是今天我们愿意花更多的钱换取产品的更多附加价值，比如体验、氛围、品牌、便利性等。

同时随着我国国民收入水平的提升，中产阶级正在崛起。如 2016 年国内的人均

GDP八千多美元，世界排名七十多位，而在2006年，中国的人均GDP才两千多美元，世界排名一百多位。

而几乎所有的中产阶级都面临着持续学习的问题，只是移动互联网时代，我们变得更容易焦虑，这种需求学习更加迫切和普遍，同时呈现出新的特点：

阶段学习转为终身学习，大学毕业学习不会结束，反而可能只是刚开始。

分科（专业）学习转为跨界学习，想要解决工作中遇到的问题，仅仅学习专业技术显然不够，必须身兼数家之长。

深度学习转为浅度学习，过去学习一门学科需要钻研数年，现在面对复杂的情况，有时候“了解”比“掌握”更加重要。

然而面对知识需求的变化，传统知识供给侧并未做好准备，用罗振宇的话说：这一轮内容付费和知识付费，本质上是我们原有的教育、出版、传媒三大产业之间的边界和逻辑发生松动之后出现的一个机会。

知识付费的大热只是一个表象，其本质是知识创业创新的兴起。

根据经典创业理论，创业是一个机会发现的过程，知识和决策在其中扮演着重要的角色，机会是创业的核心和关键问题。但是今天，知识在创业的过程中已经不仅仅充当决策、管理、运营等“角色”，而是直接成了一种产品，随着知识型IP、知识大咖、技术狂人的崛起，市场上出现了“知识风口”，而相对于品类风口和创投风口，它所需要投入的成本更小，比如打造知识型IP、技术入股，成功的关键则是在细分领域成为知识KOL：行业领域权威人士；创新技术代言人；亚文化圈精神领袖；原创达人（见图2-7）。

图2-7 知识KOL

记住，随着消费市场的扁平化，那些没有被商业化或没有被彻底商业化的知识是创业机会的重要来源，也是没有资本的你可以实现创业的最大风口所在。

这是一个最坏的时代，信息泛滥、碎片化、产品过剩、竞争加剧，创业越来越难；这也是一个最好的时代，消费升级、渠道多元化、传播社交化，创业风口不断出现。我们能做的唯有跟随着时代前进，进行迭代升级。

04

新阶层迭代：知本家的进化之路

中国改革开放，让中国企业赶上了20世纪80年代全球制造产业链大转移的末班车，同时幸运地搭上了20世纪90年代全球互联网大潮的头班车。

步入21世纪，面对全球化竞争，中国企业完成了从追随者到领跑者、从局外人到局内人的悄然转变。

中国企业与中国企业家，正在从镀金时代走向黄金时代，知本家也从1.0走到了3.0。

周期性的生产核心要素转移产生的“知本家风暴”

英国、美国、法国、德国等西方老牌经济体都遵循着这样一条经济“自然规律”：周期性的生产核心要素[1]自然转移、变革。正是有这种转移和变革，才有了从土地贵

[1]生产核心要素：经济学中的一个基本范畴，指进行社会生产经营活动时所需要的各种社会资源，是维系国民经济运行及市场主体生产经营过程中所必须具备的基本因素，包括劳动力、土地、资本、企业家才能四种，随着科技的发展和知识产权制度的建立，技术、信息也作为相对独立的要素投入生产。

族到洛克菲勒工业大亨再到百事通集团金融巨头、麦肯锡知识精英的演化之路。因此很多人将这种“周期”称为镀金时代。

可以说每一次生产核心要素的转移都是新一代财富新贵诞生的契机，如果这一规律失灵，经济的运行便会沦为“收租效应”，即富人们只需通过已占有的各项资源来收割财富，年轻人的上升通道会被关闭，社会无法催生新的财富。

中国不仅走过了第一次、第二次镀金时代，随着技术、市场的变革，正在挺进第三次镀金时代。这让中国财富阶层进行了三次变革，知本家也从最初的 1.0 进化到了 3.0：知本家 1.0——精英阶层；知本家 2.0——创意阶层；知本家 3.0——双栖阶层，如图 2-8 所示。

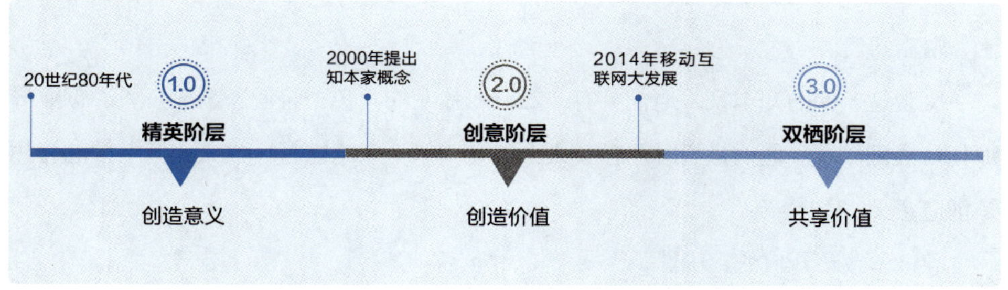

图2-8　中国财富阶层的三次变革

知本家 1.0——精英阶层

让时光回溯到 2000 年，一本名叫《知本家风暴》的书引来了人们的普遍关注。而这本书诞生的背景则是 1999 年 10 月，以“知本家风暴和风暴中的知本家”为主题的研讨会在北京召开，来自信息产业内外的有识之士就“知识标准”“崛起中的知本家现象”“中关村改制与中国知识经济发展”等问题进行了交流。

于是这本书将目光锁定中关村的创业者，他们是北大方正的王选、联想当年的总工程师倪光南、四通原总工程师王缉志、新浪的王志东、科利华的宋朝弟……这标志着中国新兴知识分子——靠知识技术获取财富的知本家已登上历史舞台，虽然知本家概念 2000 年才被提出，然而第一代知本家诞生在 20 世纪八九十年代。

来自中科院的科学家陈春先，创办“北京等离子体学会先进技术发展服务部”。开启了“科技人员下海办企业”的中关村第一代创业之路的他，自此被誉为“中关村民营科技第一人”。此后，以柳传志、王选、王小兰为代表的一批中关村人，纷纷凭借“技工贸易”的模式起家，将技术投入生产，开创了中国传统个人电脑时代的第一轮创业潮，也真正开启了中国的第一次镀金时代，这一周期内诞生了中国第一代财富精英。

同时，资源密集型产业成长起来，如海尔、长虹、格力、万科、绿地等，一大批大家耳熟能详的企业家出现，如张瑞敏、王石、董明珠等，他们一跃成为社会精英人士、财富新贵。

反观这一代的知本家，他们具有“四位一体”的角色：企业家、投资人、创业导师和社会工作者。他们是当时的精英人士，是“第一个吃螃蟹”的人，其主要的作用是创造意义：

验证了改革开放的正确性；

依靠自身知识应用实业，促进了中国经济的发展；

革新了人们的生产发展观念，提高了当时人们的物质生活水平；

引领时代经济发展。

知本家 2.0——创意阶层

第一代财富精英掌握了社会绝大部分生产性资源后，新一代的年轻人如潮水一般涌来。他们年少轻狂且自带野心，但是第一次镀金时代已经结束，新富上升通道变窄，这就迫使这些年轻人去寻找另一种可替代的生产核心要素，同时，中国开始步入互联网时代，于是他们将目光瞄准了互联网，第二次镀金时代开启。

互联网时代，以李彦宏、马云、马化腾等为代表的领军人才，创办了百度、阿里巴巴、腾讯等时代性公司，利用互联网改变人们的日常生活，更是不约而同地凭借着自身资本力量迅速崛起，继续创新互联网技术，抢占社会资源，硬生生地从老一辈的财富精英手中抢下一块肉，并随着互联网升级到移动互联网后，巧用移动互联网基因，通过更有创意的互联网技术，持续占据“独角兽”的位置。

除去这些互联网巨头，互联网后起之秀小米科技雷军、拉卡拉孙陶然、去哪儿网庄辰超、爱奇艺龚宇等，通过有价值的产品、内容制作，革新人们对硬件、支付、娱乐等行业的认知。

对于这些互联网的弄潮儿来说，生产产品的能力并不是他们最主要的追求，创新精神、跨界思维、资本运作成为必备武器，因此与第一代知本家不同，他们最大的特点体现在价值创造上：

更多地关注商业模式的演变和人们消费习惯的改变；

注重品牌文化，输出品牌价值观，形成品牌亚文化圈；

打造品牌及个人魅力，获取消费者认同感和忠诚度；

不断创新技术和服务，颠覆传统。

知本家 3.0——双栖阶层

随着移动互联网到物联网的演变，线上线下的结合更加紧密，同时互联网创富入口再次变窄，中国的第三次镀金时代出现了一个新的特征——创业者不再是与上两代财富精英进行争夺，而是与之“共享”。新的创业者们享受着第二代财富精英的技术服务和平台优势，自身也为第二代财富精英源源不断地输送创意内容，成为他们手中的“资源”。比如微博大 V（微博上十分活跃，有着大群“粉丝”的用户）、自媒体大咖、喜马拉雅大咖、直播平台达人等。而随着物联网的崛起，线下线上融合，为了长久发展，他们还需要学习第一代财富精英的实干精神和线下企业运营技巧，让自身的知识、技能落地，因此他们有着“双栖”的特性：

依附于线上获取“粉丝”、个人知名度、流量等资源，实现零成本创业；

过渡到线下，熟练掌握企业、品牌运营模式和技巧。

也就是说，他们手中需要和掌握的资源不再是土地设备或金融资本，而是他们自身。而他们自身的力量则来自“粉丝”，自身价值的触发点是共享、共识。

其自身知识、技能与“粉丝”群体共享；

其自身观点价值与“粉丝”群体达成共识。

罗振宇卖“知识”，但他卖的不是单纯的知识，而是价值的共享，是在多元价值观时代凝聚而生的共识。每一句话、每一个产品的零部件背后都附带着所要传递的态度和价值观，这一传递过程是受众对它们特有的观点、观念和形象接纳的过程。这是知本家 3.0 所独有的。

其实，不论是知本家 1.0、知本家 2.0，还是知本家 3.0，都是令人艳羡的引领经济潮流的风流人物。而我们很幸运，中国第三次镀金时代远未终结，恰恰相反，它现在才刚刚开始，因此，抓住知本家 3.0 特征，进行 3.0 修炼，我们就能够抓住未来。

第三章

知本创新

——全息时代新知本家画像

力量有三种基本形式，即暴力、财富和知识，三者顺次为低级的、中级的和高级的力量；三者中知识最为重要，由于暴力和财富在惊人的程度上依靠知识，今天正在出现空前深刻的力量转移，从而使力量的性质发生了深层次的变化。

——美国未来学家　阿尔文·托夫勒

历史的浪潮从来不曾温柔，不管是曾经的工业席卷农业，还是今天的互联网席卷传统商业，我们蹒跚前行也发展蜕变。

历史上也从来不曾缺乏弄潮儿，不管是 20 世纪的资本家，还是十多年前的精英阶层，时代推着我们前进，在给予激烈的竞争与挑战时，也让我们更多的人拥有了新的身份——知本家。

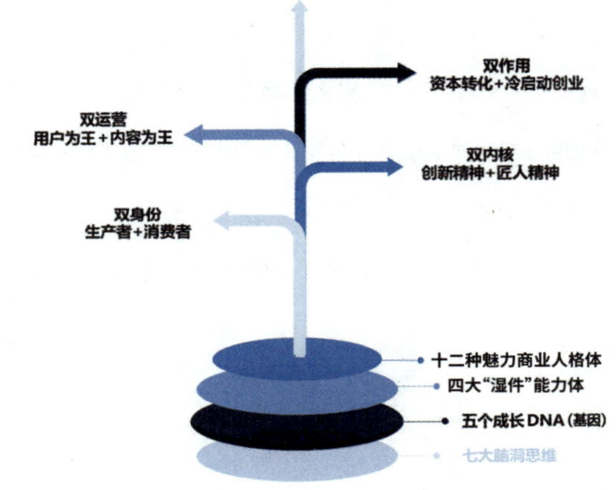

01

知本家的圈层扩张

从 IT 精英到“斜杠青年”，从科技行业到不同商业领域的全面崛起，知本家已经开始横向野蛮生长，涉及更多的社会人群，形成了五大极客文化[1]和五大知本家层次，实现了由人到商业各领域的扩张。

从科技工作者到“斜杠青年”

10 年前，谁是我们心目中的知本家？科技工作者！

改革开放后，我国科技事业蓬勃发展，青年科技英才喷薄而出，他们有才华、风光无限，同时拥有着不凡的品位和生活追求，是时代的弄潮儿。

只是今天，如果还是这般粗暴地将知本家等同于科技工作者，难免有些狭隘了。

随着知识经济与信息经济的快速发展，“80 后”“90 后”在强调文化素养与学识广泛涉猎的环境下诞生，他们靠着自己的才智打拼，于 2018 年产生了一股“斜杠青

[1] 极客文化：极客，对某一方面有狂热兴趣并投入大量时间钻研的人。极客文化在这里引申为智力超群和努力的人在不同领域所形成的一种文化现象。

年”[1]风潮，自由、体面、多重收入也成了他们鲜明的标签，有了“斜杠”也意味着有故事，拥有更多的人脉、技能、社会阅历等。

而“斜杠青年”这股风潮背后的本质是在时代驱使下人的一种多元化发展，是社会经济发展的必然趋势。

工业时代，最主要的是生产商品，机器是资源，强调的是人与机器的关系；后工业时代经济结构从商品生产经济转向服务型经济，知识是资源，强调的是人与人之间的知识竞争，于是科技精英力量凸显。随着教育、健康、娱乐、文化、艺术、旅游等大量人才涌现，今天社会的顶尖人才不断地多元化。

确实，服务业与工业，很大不同之处在于服务业不涉及生存，交换的大多是个人的知识、技能和实践，没有很长的产业链，自然也无须大规模的合作，很多情况下，个人就能够成为独立的服务提供商。互联网又为此提供了很好的便利和支撑，帮助供需双方解决信息不对称的问题，让独立的个体之间能够进行交易。

这种新趋势加上越来越多的年轻人不满足单一的工作，他们兴趣广泛，技能多样，行业生态和职场生态发生变化，竞争激烈，优胜劣汰，都在促使个人不断地“重组”，也让整个社会对知识的渴望极度高涨，给知识型人才带来巨大的机会。事实上，这几年各类公众号和知识付费的风生水起就是很好的例证。

这一切也正在被当下的年轻一代看穿，越来越多的年轻人成了知本家“生力军”，更是有不少“80后”“90后”，依靠自己的知识、技能和经验，成为标杆性人物，挺进知本家行列。

---

[1] “斜杠青年”：“斜杠青年”来源于英文“Slash”，这一概念出自《纽约时报》专栏作家麦瑞克·阿尔伯撰写的书籍《双重职业》。阿尔伯表示越来越多的年轻人已经不满足“专一职业”这种无聊的生活方式，而是选择一种能够拥有多重职业和身份的多元生活。这些人在自我介绍时便会用斜杠来区分自己的身份或职业，例如，莱尼·普拉特，律师/演员/制片人。

多元化带来五大知本家层次

知本家的多元化发展，让知本家的“战场”从最早的IT领域逐渐扩张到商业各个领域，形成了五大极客文化和五大层次。

1. 知识原创者——站上塔尖

在知本家行列中，科学家、经济学家、工程师、艺术家等是顶级的存在，也是极客文化的引爆核心，能够跨入此行列，相当于拥有极强大的知本。

但是发现自然规律的科学家是少数人，发现经济原理的学者是少数人，开发互联网技术的工程师是少数人，创造原创性艺术品的艺术家是少数人……他们是知识的原创者，同时是站在塔尖上的人，往往令人艳羡而又高不可攀，毕竟不是人人都具备这样的天资和觉悟。

那么，我们是不是没有机会了？

其实，知识原创的门槛也可以略微放低。新互联网产品的设计者、网络文学小说的作者、新商业模式的开创者、新工作方法的开发者等，都是知识原创者。

凯文·凯利提出1000个铁杆“粉丝”理论——创作者，如音乐家、摄影师、工匠、演员、动画师、设计师、视频制作者，只需拥有1000个铁杆粉丝便能糊口，也就是说，1000个铁杆“粉丝”就足够支撑一个人的创作成本，这就降低了知识创造的门槛，而互联网也让我们很容易就能找到这1000个“粉丝”。

所以，如果你具备原创能力，完全可以试着冲击成为这一层次的知本家。

只是需要注意，今天虽然“少数人”的人数因门槛的降低正在扩大，可“真理还是掌握在少数人手中”，比例并没有什么本质变化。互联网也没有给原创者的工作逻辑和工作方式带来根本性的变化，原创的商业内核仍是在创造或发现之后，能够带来极大的扩展影响和应用性。因此，你的原创必须能够很好地被理解、接受和运用，你才能享受到商业中较大的经济效益。

不过如果从个人人生成就来说，即便自己的原创知识无法带来较大的经济效益，能够站上塔尖，塔尖上的风景也足够让自己回味一生了。

2. 知识传播者——充当“媒介”

成为知识原创者有难度，但是知识传播者正在逐渐成为主流人群，成为一种新的极客文化阵地。

互联网经济中的媒体、内容和教育三种业务形态本质上都是关于传播的，特别是内容和教育。随着信息与知识领域的权重变大，越来越多人聚集至此，做“知识明星”，进行知识的解读、传授与传播（可能很多人宣称提出了全新的观点，不可否认确实有，但是多数还是对知识进行传播），技术和平台的发展更是赋予知识传播者活力，比如微信公众号、微博、知乎上活跃的一些大 V 等。

这类知本家一般依靠三种职责声名鹊起。

解读知识：将自己作为载体，理解高浓度、艰深的知识后，通过自己的消化和解读，将这些知识变得更容易理解和接受。

传授知识：在教育的过程中，将知识技能传递给学习者。

传播知识：将知识演变为传播内容，扩大知识的影响力，吸引更多的人来了解、学习。

相对于知识原创者，成为这一层次的知本家相对比较容易，其核心竞争力在于解读知识的能力和对传播渠道的把控能力。

3. 价值领袖——打造信仰

所谓的价值领袖就是那些创造巨大社会价值和经济价值的人，这也是知本家的一个较高层次。

有的人可能创造或传播了革命性的观念，如提出知识经济与知识工作者的彼得·德鲁克；有的人可能是创造了具有巨大价值的平台，如维基百科的创始人威尔士……

我们可以将门槛降低，在某一领域具备影响力和号召力的人便可以称为价值领袖，如今天人们特别关注的那些大咖、大 V。人格魅力的说法和互联网也进一步强化了这种现象，越来越多人更加容易成为各个领域的价值领袖。

因此，如果你具备独特的人格魅力、不凡的见识见解，可以考虑成为这一层次的知本家。

4. 产品经理——实现商业价值

如果说知识原创和知识传播还未与传统意义上的商业“连接”，产品经理则是真正在商业圈发挥商业艺术的知本家。

我们对产品经理的概念认知可能来源于IT领域，其实，它是在90多年前，在一家传统公司——宝洁出现的，它最初的解释是全面负责一款商品的人：确定开发何种商品，组织研发、生产、营销。到了互联网时代，产品经理有了衍生含义，产品经理除了管理一款商品，同时在构建系统。

规划系统：设计整体业务逻辑，包括目标、功能、用户和商业模式等。

设计系统：将规划变成设计蓝图、设计细节。

开发系统：与工程团队一起将设计变成可运行的系统，并迭代发展。

运行系统：与运营、销售等各部门合作，通过系统打造产品和服务，满足用户需求和收益目标。

而深耕这个领域的知本家，通常是构建系统并将系统不断丰富、完善的人。

所以想要成为这一层次的知本家，核心在于丰富的管理知识和超强的规划、协调能力。

5. 商业经纪——打通变现路径

商业经纪是将产品或服务营销出去、打通产品变现路径的人，不仅仅局限于销售人员，而是随着社交媒体营销和数字营销进行了分化，在营销领域垂直分化出了思考型、感受型、行动型三大类别，并让一些新的专家崛起。

思考型：专注于数据和分析，可以完成数据挖掘、媒介组合，实时监测数据，分析可行的营销策略，如数据分析师、网站分析师、高级数据架构师等。

感受型：专注于和消费者互动，敏锐洞察消费者需求，在整个营销团队中，他们一般代表了某一个社会群体的利益，代表某个社会群体真正的所思所想，并能够从此入手制订营销计划、实施营销活动，比如社交媒体主管、可用性专家、网络社区管理者等。

行动型：专注于营销内容的生产，确保营销内容能够打动消费者，比如高级数字内容战略家、概念创意家、设计师等。

想要成为这一层次的知本家，相对来说比较容易，做到绝对的“专长”便是成功的基础。但是我们不能忽视一个趋势，随着数字时代营销全面性覆盖，营销领域通才云集，“多元化”发展一定是你的成长方向。

当然，以上的分层，并不是唯一的，只是为了帮助大家对知本家有一个更为直观、深刻的认知，从而找准自己的定位，明确自身的努力方向。

总之，一方面，市场在不断地细分；另一方面，跨界、跨领域成为趋势，对我们个人能力的要求更专业也更多元，我们需要打造全新的能力图谱，深耕自己专业或擅长领域的同时，不断拓展自己的综合能力，以便更好地适应未来的发展。

02

知本家能力构造图谱

资本家的圈层在扩张，知本家的能力也在“扩张”。当今时代那些知本大咖们，正在不断地“演变进化”，形成独具特色的能力构造图谱，如图 3-1 所示。

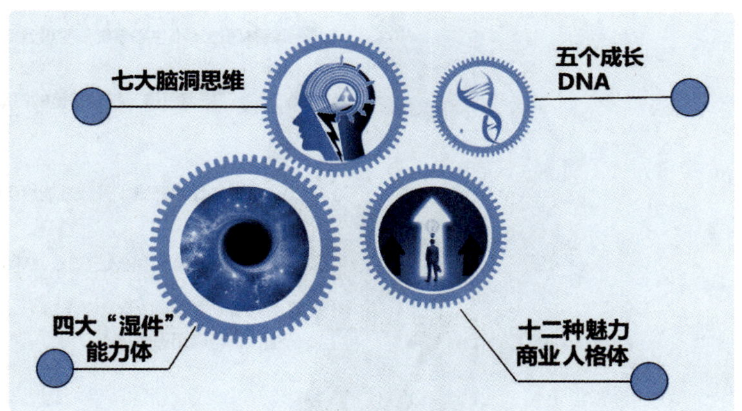

图3-1　知本家能力构造图谱

七大脑洞思维

三次大浪淘沙的镀金时代，已经让中国环境发生了深刻的变化。

比如，过去提到商业，许多人的脑中蹦出的第一个词是“竞争”，可现在商业世界的主题已经是“用户”，现实往往很残酷，你还没来得及摆好姿势和竞争对手厮杀，用户就已改变，甚至抛弃了你，不想被淘汰，你只能由竞争思维转变为用户思维。

中国经济从计划经济、互联网经济，到如今的社交经济、共享经济，每一次演变不断地挑战着我们的认知，带给我们思维上的改变。中国自改革开放以来，每一次致富机遇中，最先富起来的莫不是“敢想”之人。

因此，想要成为优秀的知本家，首先要改变的是思维，思维决定你所处的阶层，有人说：“富人与穷人真正的差距在于思维。”

那么，我们需要具备什么样的思维呢？曾有人概括出六大脑洞思维，我在其基础上再增添一个脑洞思维，演变成七大脑洞思维，如图 3-2 所示。

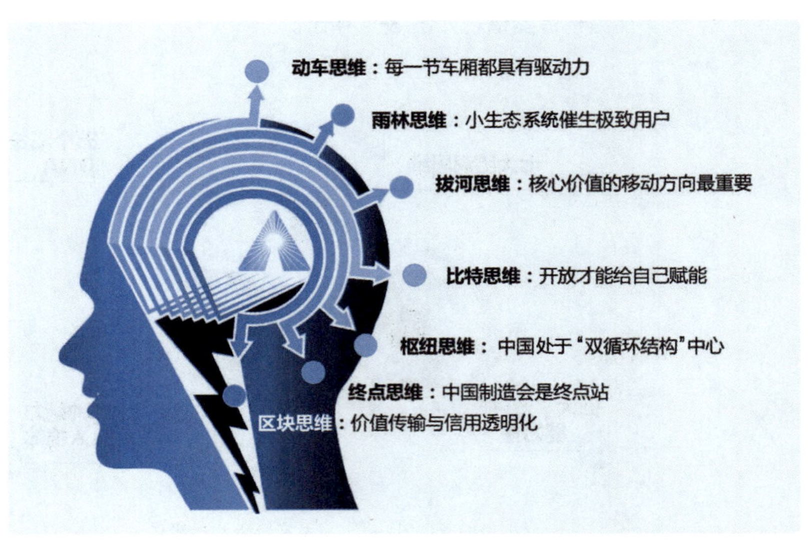

图3-2 七大脑洞思维

1. 动车思维：火车的前进已经不只是靠火车头的力量，每一节车厢都拥有驱动力

过去我们对中国经济发展的基本认知是“先富带动后富”，发达地区带动不发达地区发展，一线城市带动二、三线城市发展，在这个认知中，中国就是一辆绿皮火

车，正所谓“火车跑得快，全靠车头带”，而车厢越多火车就跑得越慢。

而现在呢，二、三线城市逆袭，随着细分领域小公司的崛起，行业生态链上的多元化技术革新催发行业革命……中国已经成了一组动车，每一个车厢都具备驱动力，车厢越多，也就意味着动力单元越多，速度越快。

因此，我们必须认识到中国正在进入一个“平凡创新时代”，属于传统行业和普通人的机会依然很多，哪怕这样的创新很简单，只要能为用户解决问题就能成功。管理大师德鲁克表示，一项创新所能赢得的最大赞美莫过于人们说：“这太显而易见了，为什么我就没有想到呢？”

2. 雨林思维：新生物种、小生态系统越来越多，商业已经从流量思维变成极致用户思维

雨林思维就是要充分认识当今中国多元化的大环境，找到自己的位置和精准用户。

亚马孙的热带雨林是地球上极大的独立生态系统，且有自身独特的动植物资源。这就好比我们今天的中国市场，它有足够的规模，市场的多元化及独特性已经呈现，亦是一个有别于别国经济市场的独立生态体系。因此对我们来说，不管它有多少参天大树，不管有多少野兽，都会有新的机会诞生。

这个新的机会有两种，一是链接、跨界，通过创新的技术势能，链接不同的物种或不同的小生态系统；二是细分，打造极致的内容，建立新的小生态系统。

3. 拔河思维：拔河时不关心什么是你的什么是我的，只关心核心价值的移动方向

在《超级版图：全球供应链、超级城市与新商业文明的崛起》中作者帕拉格·康纳曾借用“拳击”与“拔河”来精彩类比美国经济与中国经济的发展模式：美国人眼中的博弈是一场拳击比赛，是强者的竞技，需要准入门槛，并以打倒对方为目的，最关键的是让自己强大；而中国进行的则是一场拔河比赛，所有人都可以参与，比如“双创”，把供应链上高价值的部分拉过来，最关键的是让更多的人站到自己这一方。

而两种比赛方式也最终决定了两种不同的导向：拳击比赛输者必须离场，拔河

比赛希望人人都不要松手。世界经济已经越来越“混为一体”，拳击比赛有点玩不下去了，相反，参加拔河比赛的经济体，其人口、产能、资源、技术等都是共生在一条供应链上，荣辱与共。体现在国家层面，就是国家积极地去修建基础设施、进行供给侧结构性改革，提出“一带一路”倡议等。同时我们要明白一点，具备人口规模、市场规模、产能规模的“胖子”具有决定性的优势，因此行业、品类的赛道选择非常重要。

当然，两种市场游戏模式并没有什么好坏、优劣之分。诺贝尔物理学奖得主尼尔斯·玻尔表示：一个深刻的真理的反面，可能是一个更深刻的真理。

4. 比特[1]思维：做最好的自己，同时保持开放，不断地给自己赋能

比特思维是什么意思？就是这个世界正在迅速比特化、数字化，而其背后的动力除却大数据技术的崛起，更有当今人们对效率的追求。

比如新零售，它就是比特化的一个缩影。也许有人觉得新零售很玄，大数据用户画像、无人商超、App 购物、超级配送、超级建仓策略……其实本质很简单，就是“效率”，让消费者“想要马上就能得到”，在购买欲萌发的时候就能够完成支付，在购买欲消退后就能够完成送货。

因此，我们根本无须害怕那些互联网思维、大数据、共享、人工智能、智慧医疗等“大词”，更无须为此恍惚、担忧，觉得世界下一秒就会被颠覆，自己会因此掉队，拥有比特思维，我们便能知道有两个趋势是永远不会变的：

无论产业怎么演化，都是往效率高的方向演化；

分工会越来越细，越专业的人越不会掉队。

因此，做最好的自己，以更高的效率做最好的自己，自然能拥有比特世界的入场券。

[1] 比特，计算机专业术语，由英文BIT音译而来，同时是二进制数字中的位，信息量的度量单位，为信息量的最小单位。

5. 枢纽思维：世界秩序的自变量让中国正处于“双循环结构”中心，成为枢纽

大家都知道中国经济要转型，新的国际经济结构和经济秩序也待建立。但是西方发达国家不会轻易放弃能为其带来利益的既有世界经济结构与秩序，因此中国需要一方面与发达国家博弈，努力推进改革；另一方面加强与其他发展中国家的合作，改变世界经济结构。当前比较现实的做法是通过“南南合作[1]”推进“双循环结构”的形成，其中中国居于枢纽地位：

中国作为加工制造中心，向西方发达国家提供形形色色的工业品和创新落地的机会。

中国通过贸易、投资及区域合作，向原材料产地国家输出资本、制成品、基础设施和就业机会，带动相关发展中国家的工业化。

一旦“双循环结构”形成，便会在世界经济中形成一股能与发达国家分庭抗礼的力量。

因此，认清中国目前的角色和责任，我们就有能力去营造一个良性的生存环境，就不会和现有的大国发生零和博弈[2]。

6. 终点思维：中国不是世界制造业的中转站，而是最后一站

当中国逐渐成为枢纽时，国际贸易的性质会发生变化。

在此之前国际贸易是“产业间贸易”，而中国参与的国际贸易更多是“产业内贸易”，也就是从以前用成品换成品的做法，变成了美国科技公司要生产一台机器，中国则分担了其中的一部分生产环节的“嵌入式”的做法。

工业革命创新的是技术，技术本身能构成竞争壁垒，但是在今天，创新的基础是

---

[1] 南南合作：因为发展中国家的地理位置大多位于南半球和北半球的南部，发展中国家间的经济技术合作被称为“南南合作”，它是促进发展的国际多边合作不可或缺的重要组成部分。

[2] 零和博弈：Zero-sum Game，又称零和游戏，与非零和博弈相对，是博弈论的一个概念，属非合作博弈。指参与博弈的各方，在严格竞争下，一方的收益必然意味着另一方的损失，博弈各方的收益和损失相加总和永远为“零”，双方不存在合作的可能。

观念，观念本身容易被抄袭，所以竞争壁垒是速度，只要我的速度比你快，你就永远只能追赶而没法抄袭。

西方国家进入这样的创新经济的时代，必须抛弃“沉重肉身”，将生产流程外包，把其产生的成本转嫁他人，只做观念层面的创新。而中国曾依托廉价劳动力打开了这个缺口。

虽然这几年中国劳动力成本上升了5倍，已经接近于发达国家水平。但是，制造业向中国集中的趋势仍然没有减缓。因为经过这么多年的发展，中国的加工制造市场已经具备超大规模，无数极具专业性的中小企业密集地聚集在一起，形成了一个庞大的高效供应链网络，它们彼此之间互相灵活配套，上游需求一变，这种配套关系马上可以重组，确保弹性，而这种高效率兼具高弹性，就是中国制造独特的魅力和能量所在。

所以，我们一定要认识到：中国成为世界工厂，不是全球制造业转移的其中一站，而是最后一站。

7. 区块思维：价值传输与信用透明化

区块链很火，但是区块链不单是一种技术，它对我们真正的启示是价值传输与信用透明化。

互联网的出现，让我们解决了信息传播效率低的问题，真正做到了“足不出户可知天下事”。但是互联网的弊端在于仅有信息传播，没有价值传递。

比如，你原创了一篇文章在网上发表，可以让很多人看到，但也会很轻易地被人抄袭，没有人知道是你的原创，文章是传播出去了，但你的价值并没有得到传递。换句话说，你所创造的一切都会经互联网变得廉价，因为你无法向世人证明这是你的原创。

之后，区块链诞生了，它能够让信息传播一样方便、快捷，而其分布式记账及不可篡改性却可以保证你的原创价值得以传递出去。当然，用区块链技术传递价值除了应用于原创文章，还可以是其他形式，未来它可能会如互联网一样带给我们的生活翻天覆地的变化。

因为区块链上所有信息被记录且不可被篡改，合作方的信任关系也将变得简单。

比如甲和乙甚至更多方进行交易时，通过加密算法、解密算法自己获得信任后，不需要将信任认证权让渡给中心化机构或大量第三方中介机构。可以说，随着区块链技术不断发展，不断在更多领域运用，信用将越来越透明化。

美国作家诺曼·文森特·皮尔曾表示：你所认为的，并非真正的你；反倒是你怎么想的，你就会变成什么样的人。想要认清当前的形势，获取发展机遇，思维的改变一定是第一步。

五个成长 DNA

螺类动物的螺线生长反映了它们的生长迟滞规律；攀缘植物通过螺旋缠绕获得光线和空气；人体内的脐带、胆囊管等螺旋管状组织，担负着机体养分的吸收、循环与排泄；非生命体的螺旋则均是各种引力相互作用的结果……

螺旋结构是自然界普遍存在的一种结构，它蕴含着事物运行与发展的规律。同样，一个优秀知本家的成长也遵循着这样的螺旋结构，其螺旋上升的核心成长 DNA 为学习、运营、处世、事业和财富 DNA，如图 3-3 所示。

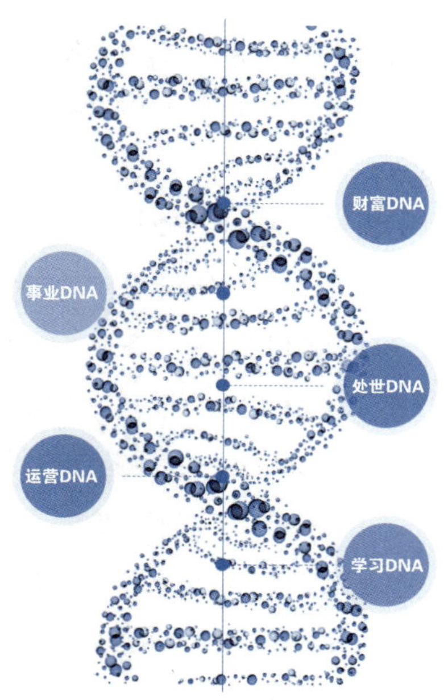

图3-3　五个成长DNA

1. 学习 DNA：逻辑与创新

“学习”二字从古至今几乎从未离开过人类的视野，甚至成了人人必备的一种能力，还有一个专有名词叫“学习力”。而一个优秀的知本家一定是具备学习力的人，这种学习力也区别于一般的学过、学会和能用，它体现的是一个更高的层次，即逻辑和创新：

对所学知识系统化、科学性地梳理；

对所学知识进行创新运用。

逻辑的本质是外在世界基本规律在人思维中的体现，基于人对世界纷繁现象之间联系的认知，其核心要素是一个人的学习所得，也就是知识。如果人无法对自身知识进行科学有效梳理，形成系统甚至体系，便很难达到创新应用的层面。而任何的创新都是对“旧”的革新或推翻，其基础便是大量的知识储备，也唯有如此才能让创新更具科学性，更有价值。

当创新达到了可运用的阶段，便会触发新的领域，这往往也意味着新一轮学习的开始。

2. 运营 DNA：体系与团队

知本家的运营 DNA 主要体现的是其商业运营维护能力，核心则是体系建设与团队建设：

体系建设是企业管理系统、业务构架、宣传矩阵等建设；

团队建设是确定企业团队人才配比、团队运营和团队凝聚等。

在这个过程中，可能各种关系错综复杂，指导你一切运营行为的是你的“人脑系统程序”，也就是说，你的“人脑系统程序”处理问题和 Bug（漏洞）的能力越强大，你的运营能力就越强大，它有四个要领：

操作流程化，即你对所做的事情的全部流程及对这些流程进行有效排序；简单来说，就是做事情要从头到尾，非常清晰严谨地一步一步去做。

整理碎片化，定期清理“人脑系统程序”里的垃圾文件，归纳有用的文档，以备随时快速调取有用的信息文档。

追求极致化，工作中追求极致，追求精益求精，在每个细节上尽力做到完美，这是一种工作态度，也是非常核心的要领之一。

资源效率化，资源利用率在每一个运营环节都非常重要，任何时候都需要考虑如何提高资源的利用效率来满足用户的一切需求，从而达到平台利益最大化。

3. 处世 DNA：规则与智慧

知本家有一套超凡脱俗的为人处世智慧，概括起来为：

遵守规则是基本要求；

利用规则是大智慧。

曾经有一篇论述田忌赛马的文章，将田忌赛马的比赛技巧解读为破坏规则，指责孙膑缺乏契约精神。其实不然，田忌赛马中，孙膑的做法不仅没有违背规则、违背契约，反而是一种对规则最为恰当的利用，是一种大智慧的体现。其本质是客观分析彼此的优势和劣势，进而将对现实的认知转化为对客观环境的合理利用。人类之所以能够创造出今天丰富的物质财富和恢宏的精神文明，也正是因为对于自然界各种规律的合理利用。

因此，优秀的知本家都不是刻板的人，在为人处世时坚守原则、底线，同时善于变通，懂得合理利用规则，展现出一种和谐之美。

4. 事业 DNA：尊重与欣赏

冯仑曾这样定义“事业”：连续正向累积就会把事变成业，叫事业。而正向积累是长期的积小为大、积少成多，是将点点滴滴的优点积累起来，形成优势，成就优秀的过程，侧重点在一个“正”字，包含着积极、健康的态度。

所以对事业的正确认识是尊重和欣赏。

尊重是基础，任何知本家创业都会梳理企业文化，而梳理企业文化的出发点即是对自己事业的尊重。

欣赏是升华，会像欣赏一幅作品一样去欣赏自己的事业，才能在事业当中获得满足感和成就感，才有足够的内在驱动力进一步成长。

5. 财富 DNA：经历与情怀

财富绝对是一个知本家的标配，是在前四个 DNA 中积累、凝聚而成的，而一个知本家的财富观应当如古希腊哲学家亚里士多德所说的那样：真正的财富就是生活上的必需品。这种“必需”不单单是物质层面的必需，更关乎精神层面。

因此财富 DNA 除了有物质这个衡量标准外，更有经历与情怀。

经历，对财富的追求是一个不断实践的过程，也就是一个个经历积累的过程，其中最直接和快捷的方式就是增长见识，实现段位进阶。

情怀，保持高尚的心境、情趣和胸怀，它会是企业、品牌附加值的体现，也是一个人沉浮商海时保有纯真之美、获得心灵能量的方法。

从最初的学习积累到最后的财富积累，我们会运用自己的知识、智慧发现价值，采取行动，取得价值，这样的过程就是创造财富的过程。随着我们的能力增强，我们不论是面对事业还是人生，就可以更加从容。

四大“湿件”能力体

我们完善了思维和成长 DNA，便可以开始展现知本家能力。

然而与知本家 1.0 的能力更多以显性知识方式存在不同，知本家 2.0 和知本家 3.0 的能力主要处于“湿件”状态。

新经济增长理论把知识分为“软件”和“湿件”。

“软件”，也称为“思想”，是编码化的，储存在人脑以外的知识，如书本、电脑上的知识。

“湿件”，也称个人知识，是储存于人脑中，无法与拥有它的人分离的知识。

随着知识经济的深化发展，这种知识重心的转移将带来知识规则和制度重心的转移——从注重创新结果转向注重创新过程，从过分物化、封闭的知识产权制度转向比较开放自由的版权制度。因此，知本家 2.0、知本家 3.0 的能力展现比较“湿”化，知本家呈现出四大能力，如图 3-4 所示。

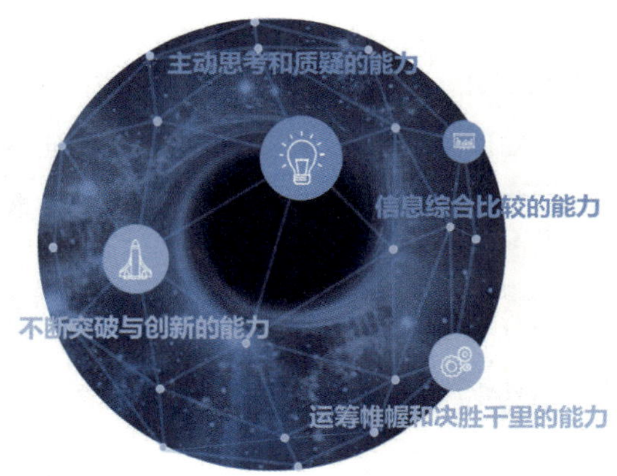

图3-4　知本家四大能力

1. 主动思考和质疑的能力

对知本家而言，知识学习、科学技术研究都是为了解决尚未解决的问题，是探索未知的过程。因此，知本家往往具备独特的思维能力，敢于对熟知和未知的事物提出超出常规的假设和判断，利用自己已有的知识、技术去分析、破解，给出办法，找到解决方案。

2. 信息综合比较的能力

当今时代，信息技术高度发达，大量碎片化的信息围绕着我们，而知本家会从海量的信息中提取自身所需的，进行信息综合比较，依靠自己团队的“集体大脑”，组合出一个“提存器”，进行横向、纵向对比分析，利用知识经济的大系统功能，将自己的知识体系与其他的知识系统紧密结合，进而完善调整自己的知识系统，让自己快速成长。

3. 不断突破与创新的能力

随着经济全球化，知本家的视野已经不仅仅在国内，加上全球创新加快，跨国公司存在既联营又竞争的局面，知本家自身需经常处于调整状态，以保持自身的优势，核心就是不断地突破与创新，创新自身的思想、观念、技能，这也是知本家最具生命力的能力。

4. 运筹帷幄和决胜千里的能力

面对物联网、工业 4.0，知本家必须适应知识产生、交换和应用的迅速革新而带来的动态发展过程。同时知识创业的高回报率和高风险性，使得知本家必须在对知识的生产经营中，采用不同于以往的资本运营策略，这也是知本家克敌制胜的有力武器。

如今，知识资本是创造财富、推动经济增长的动力，知本家是经济主体，是当今时代财富的创造者，只具备其中一项能力的人不是知本家，他必须具备以上四项能力。

十二种魅力商业人格体

美国 Grey（精信）广告公司提出了“品牌性格哲学”，日本小林太三郎提出了“企业性格论”，广告创意领域兴起了一种新的策略流派——品牌个性论：

在与消费者的沟通中，从标志到形象再到个性，个性是最高的层面，为了实现更好的传播沟通效果，应该将品牌人格化。

将品牌人格化来塑造品牌个性，以品牌个性来促进品牌形象的塑造。

当然，随着时间的流逝，这一理论随着移动互联网的刺激，再次进化——个人人格标签化。

过去我们认为商业中极有竞争力的是产品研发、市场开拓、技术等，而今天社群时代，人是商业模式的核心，用户已经不喜欢与一个冷冰冰的广告、产品发生联系，而是喜欢与一个活生生的人发生联系。菲利普·科特勒曾表示：一个成功的人格形象已经是最好的公关了。

想要打造富有魅力的人格，首先要找到相应的人格体。我们可以参考品牌营销领域归纳出的十二种魅力商业人格体（见图 3-5），针对自身特点进行定位，并提炼出人格体内容打造关键词。

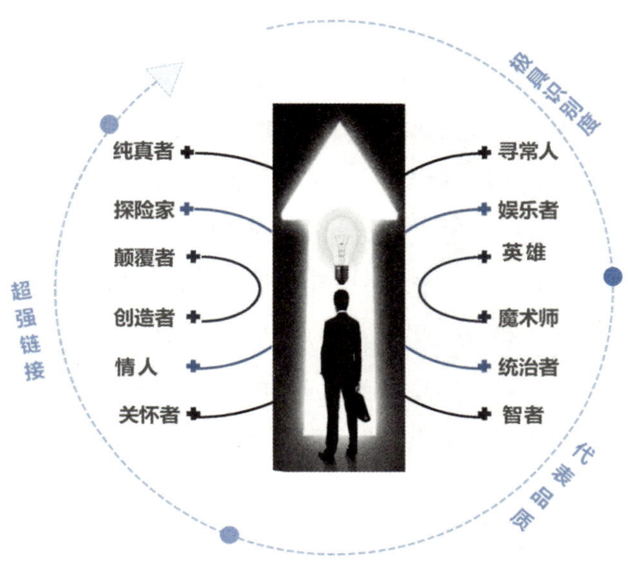

图3-5　十二种魅力商业人格体

纯真者——永葆赤子之心，关键词纯粹、简单；

探险家——不要约束自己，关键词新鲜、刺激；

颠覆者——规矩是用来打破的，关键词创新；

创造者——凡是可以想到的，都可以创造，关键词制造、生产；

情人——我的眼里只有你，关键词温柔、体贴；

关怀者——爱人如已，关键词换位思考、暖心；

寻常人——人人生而平等，关键词认同、平等；

娱乐者——好玩才是世界上最要紧的事，关键词创意、有趣；

英雄——有志者事竟成，关键词壮举、励志；

魔术师——一切都将发生，关键词不可思议、炫丽；

统治者——权力不是一切，而是唯一，关键词权威、可信；

智者——真理毕竟给你自由，关键词哲理、本质。

比如，当你将自己定位成纯真者，你输出的内容便是非常纯粹的、简单的，如自身梦想、创业情怀；当你将自己定义成探险家，你输出的内容便是对未知或前沿领域的探索，非常新鲜、刺激；当你将自己定义成颠覆者，你输出的内容便是创新性的，可以是创新产品、创新技术及与众不同的产品体验……

未来的商业核心一定是人，这个“人”指用户，也指商业经营的核心人物，用户更加喜欢与商业经营的核心人物产生联系，而不单单是产品、品牌，因此魅力商业人格体的打造，可以让你极具识别度，是品质的代表，是超强的链接。但需要注意的是，在打造人格魅力的时候一定要避免同质化，不要渴望讨好所有人，要有明确清晰的价值取向，爱憎分明、执着坚韧，在与主流文化有衔接的同时更要具备亚文化的形式与特点，这是知本家的一种转型与重生，也会带动企业的社群化转型经营。

《爱丽丝漫游奇境记》里红桃皇后表示：在我们这个地方，你必须不停地奔跑，才能留在原地。今天，这句话正在变成现实。

你不奔跑、进化，就会被这个时代抛弃。因此，我们要活出这样的姿态——世界以痛吻我，我要报之以歌。努力成为知本家，站上顶端，成就自己，成就商业价值。

03

新群体的正确打开方式

随着消费升级，“中国新富”是很多企业和创业者绕不开的一个重要名词。知本家作为该阶层的典型代表，产生了新的特征——“双栖”，在身份、技能、作用等方面具备双重属性。

认识这种“双栖”属性，便是在宏观角度对知本家进行全面的透视。

“中国新富”群体的定义

改革开放后，中国经济发生了翻天覆地的变化，有钱人和拥有强大消费能力的人越来越多，于是诞生了“赚有钱人的钱”的企业，关于掘金“中国新富”的研究不断涌现，“赚有钱人的钱”也成了不少企业的梦想。但是实践后，很多企业并没像宣称的那样打开“金字塔尖”市场，甚至找不到“金字塔尖”，因为它们狭义地将新富以“富”来衡量，甚至直接等同于有钱人、富豪，而忽略了一个至关重要的因素——消费能力。

事实上，一个富豪的消费总量可能还不如一个中产阶级的人的，而且从社会学的角度来说，富豪有着太多可以让自己精神满足的东西，依靠消费来彰显个性就不那么重要，但是成长起来的中产阶级没有太多满足欲望的渠道，因此消费反而成了一种重要的自我展现方式。

20 世纪 90 年代初，丰田根据中国人的收入统计数据分析认为中国人根本买不起汽车，便考虑几年后再进入中国市场。可是几年后它发现美国、德国汽车企业已经在中国市场发展良好。

所以，我们要明白一个消费者的消费价值不仅仅要从财富的符号和数量上去判断，更要从消费观念和消费意识角度去判断，同理，关于“中国新富”，我们也需要从更多的维度去定义和分析：

社会变迁维度，“中国新富”的诞生与整个中国经济社会环境息息相关。改革开放、互联网经济、全球化等都成了新富阶层的孵化器，而且随着互联网化加深，“中国新富”群体的规模将越来越大。

获取财富方式变迁维度，处于不同时代的人获取财富的方式是不同的，互联网时代，越来越多的人依靠知识、技能、创意、商业模式等获得稳定的财富，今天更是如此。

消费形态创新维度，“中国新富”的“新”不仅仅在于富裕的时间短，更在于财富积累方式、生活方式、消费方式的新，同样“富”不仅仅指财富总量，还有逐渐成熟的知识体系、致富方式和消费文化。

因此，“中国新富”群体可以概括为：进入富裕阶层时间短，通过专业知识和技能以社会资源获取财富，具有稳定收入，有着新生活理念和消费理念的较高收入群体，而其最典型的代表就是知本家，它是“中国新富”中的高级存在形态。

知本家 3.0 的四大“双栖”属性

随着社会环境、商业环境、消费形态的变迁，知本家从 1.0 发展到了 3.0，今天的社会时代特征也决定了他们的新属性——“双栖”（见图 3-6）。

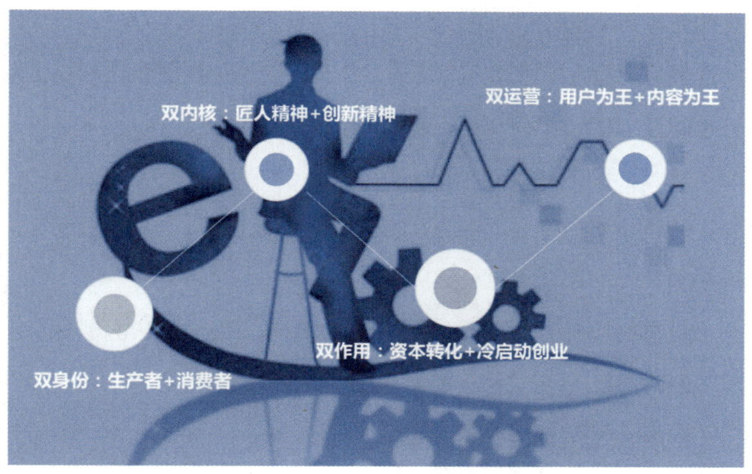

图3-6　知本家3.0的四大“双栖”属性

1. 双身份：生产者 + 消费者

生产者和消费者是商业活动中常见的两个角色，一般来说二者是分开的，各司其职。但是在互联网时代，两者的关系发生了很大的变化，生产者到消费者之间的线性模型被打破，特别是社群经济已经相当繁荣的当下，生产者与消费者相互重叠。

而知本家作为生产端的“智囊”，掌握着核心生产要素——知识和技能，同时代表“中国新富”群体，具备巨大的消费能力，生产与消费更是在其身上重叠。

以生产者身份，进行知识生产，创新技能，促进传统生产；

以消费者身份，彰显品质，引领消费潮流。

2. 双内核：匠人精神 + 创新精神

人才和知本家有什么区别？

人才的代名词是“优秀”，知本家的代名词是“卓越”。

优秀可以让一个人达到大多数人认可的高标准，而卓越的人往往能打破旧的规则，建立新的规则，卓尔不群。优秀的人才是追随潮流，而卓越的知本家是引领潮流。

那么如何达到卓越呢?

如果说努力能让人从平庸变为优秀，那么匠人精神和创新精神则让人从优秀变为卓越，这也是这个时代赋予知本家非常重要的“精神内核”。

匠心，是耐心和坚持，是能在行业中超脱优秀做到顶尖水平的基础。

创新，是胆量和魄力，是具备大视野和大格局，并敢于对过去取舍、变革，是不被超越的基础。

匠心不足则根基不稳，创新不足则容易被超越，最佳的状况是在匠心做到极致之后又有勇气去做创新。

3. 双作用：资本转化 + 冷启动创业

技术入股、技术加盟、知识型 IP 打造……不可否认，知本家比一般人更受重视也更具备创业优势，主要体现在知本的资本转化和知本的冷启动创业上。

资本转化，知本家往往是一个行业的核心人物、领军人物，往往代表着一个行业的发展水平，也是很多企业融资中比较“吸金”的重要组成部分。

冷启动创业，依靠知识和技能打造爆品，利用“粉丝”经济低成本撬动商业帝国。

4. 双运营：用户为王 + 内容为王

社群和移动互联网的爆发，使产品的研发和生产更具有创新性，同时使得商品、品牌体验和专业知识的“二次”销售变得更简单，并更透明和可靠，因此知本家的商业运营方式是“用户为王 + 内容为王”。

用户为王，拥有用户思维，从用户角度出发，解决痛点；

内容为王，变革广告形式，通过可靠、实用、有趣、专业等内容的打造，链接用户、维护黏性，实现销量转化、品牌转化。

当然这些只是简单概括，在后面的几个章节中我会在战略布局、工具掌握、知本转化等方面进行详细阐述，构建起整个知本家的运营体系。

“路漫漫其修远兮，吾将上下而求索。”希望未来有更多的人能够加入知本家 3.0 的行列。

第四章

知本战略

——构建流动性互联网生态

把才华应用于实践之中——才华本身毫无用处。许多有才华的人一生碌碌无为，通常是因为他们把才华本身看作一种结果。

——现代管理大师　彼得·德鲁克

知识已经变成了生产力要素，知识所产生的价值已经渗透到整个社会和经济当中。知本家们正利用“知识流”跨界、革新，构建着一个全新的商业生态。

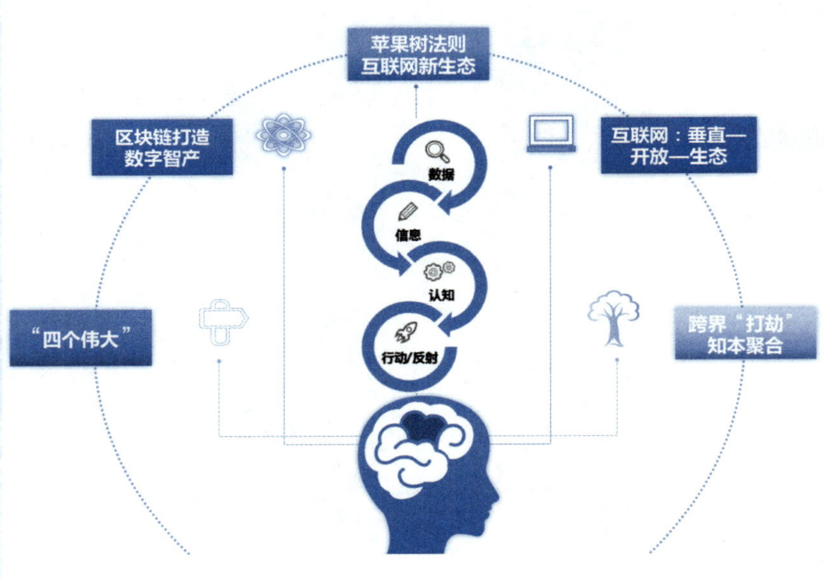

01

跨界“打劫”，让知本聚合引爆知本经济

你还在感慨互联网创新与变革带来的便利与挑战吗?

跨界和颠覆带来了行业格局的大洗牌，几乎所有的行业都在互联网化。面对这样的爆发，只有掌握命门——通过“知识流”打造聚合知本进行跨界“打劫”，才能在未来的商业格局中占据优势。

一场跨界的盛宴正在进行

百度做了广告的事，微博做了媒体的事，微信做了通信的事，知本做了资本的事……

随着现代社会的多元化发展，互联网世界在信息互通领域几乎无所不能，传统企业核心资源优势稀释，各产业渠道扁平化，跨界操作已经越来越趋于“常规化”。

可以说，未来10年，是一个跨界竞争的年代，竞争已经不再是线性的，而是全方位、全时空、多维度的，在这个过程中，商业规则可能被推倒重构，创新者将以前

所未有的迅猛之势，从一个领域迅速进入另一个领域，传统的广告业、运输业、酒店业、医疗卫生业等，都可能逐一被击破，创新者将渗透到各个行业。大到全球企业，小到个人，都在通过自己的方式，演绎不同的跨界故事。

然而跨界并不简单，不是头脑发热的“壮举”，而是一个整合资源运筹帷幄的布局过程。

不是贸然转行，而是属性互通，自身所在行业与将要跨界的行业一定有着极契合的“共鸣点”。

不是简单融入，而是为了改变，把不同于之前的行业新思维、新模式、新技术嫁接进来，实现对传统的变革。

不是盲目扩张，而是资源互通，通过自身资源的某一特性，将其与其他看似不相干的资源进行有效搭配，放大资源的价值。

如家酒店跨界发展如家小镇，是国内酒店进军自驾游的非标住宿品牌。因为如家酒店觉得人们旅行要有目的地，而企业可以充分结合自身庞大的会员体系，充分发挥酒店的创造力，通过融合“吃、住、行、游、购、娱”自驾游六要素，形成一个独立的“资源团”，打通住宿和乡村旅游业之间的“隔阂”，实现知本聚合有机发展。

因此，对于跨界这一流行态势，如果你决定跨界，那么首先应该明确三个方面：你的优势所在、两者之间的必然联系、共同的内在原理。而这个过程极其考验一个人的智慧，在跨界战略中打造“知识流”将会是你的基本功。

“知识流”：从知识到运用到智慧

对于知识，不同的人会有不同的理解，但是我更愿意这样来定义它：知识应当是一种信念，它肯定会增强你的行动结果。当你能够应用知识的时候，你就拥有了智慧。

有这样一个知识流动链：先有数据，一个未被加工的、客观的事实，然后经过你或他人的加工变成信息，再经由你的鉴别、认知成为你的智慧，最后你将知识运用到实际当中。“知识流”的打造过程也分别对应着个人自身不同的智慧发展阶段，如图 4-1 所示。

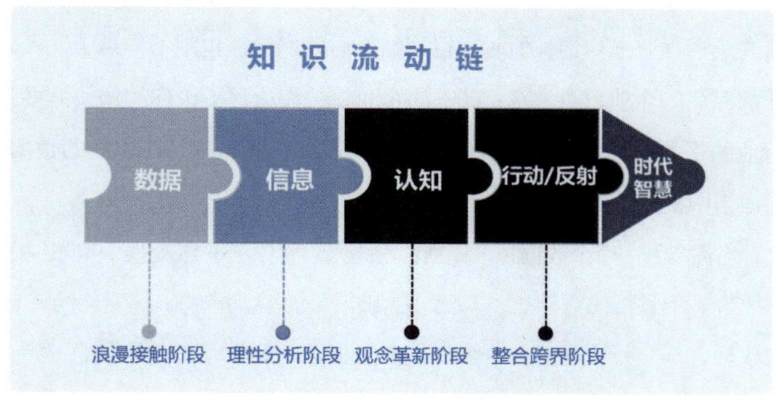

图4-1 “知识流”的打造过程

数据——浪漫接触阶段；

信息——理性分析阶段；

认知——观念革新阶段；

行动 / 反射——整合跨界阶段。

1. 数据——浪漫接触阶段

数据就是还没有被加工过的数字，如销售额、用户数、转化率等，很多人很喜欢用数字。

了解数据其实就是对客观事物直接接触的过程，这个时候你可以“浪漫”，不计结果，先怀揣着一颗赤子之心，多角度、多方位，对任何数据“照单全收”，一切只为了更加全面地了解事实。

但是，此时，你要明白这些未经分析的数据不能代表什么，它们只是帮助你了解事实的充分的“证据”，你必须将数据上升至信息层面。

2. 信息——理性分析阶段

信息比数据更进一步，是可以拿来做决策的依据，将数据演变为信息需要一个理性分析的过程。

比如销售额。我经常听到一些企业老板说自己的销售额增长了多少，为此兴高采烈。但是当我问他们行业销售额一年平均增长多少时，他们往往哑口无言。当我建议他们去研究一下行业平均增长值时，得到结果后他们往往也默不作声了。大家都知道一个行业能存活的企业只有40%，60%的企业将被淘汰，不论你的增长值多高，只要未达到行业的平均值，就意味着可能被淘汰。很多企业也都是在这样的数据欺骗下，在欢声笑语当中被淘汰的。

因此，当你拿到一个个数据时，先别忙着高兴，要先沉下心来进行纵向、横向比较：

纵向比较，与过去的数据进行对比，算出增长比率，研究出其变化的特点。

横向比较，与同行业乃至整个大环境的数据进行对比，研究其中的差距，分析整体发展趋势。

唯有如此，才能将手中的数据变成有用的信息。

3. 认知——观念革新阶段

在从数据中获取信息的同时，我们能发现新的特点和趋势，这时，我们要做的便是革新自身观念，形成创造性的、可行的观念。

阿尔文·托夫勒在《第三次浪潮》中表示：

互联网时代带来巨大的变革，旧的思想方式、旧的公式和教条不再是真理。新世界迫切需要全新的观念、推理、分类和概念。

确实，今天行业的洗牌速度快得令人难以置信，摩托罗拉发明了世界上第一款智能手机，却在当今的市场难觅踪影；柯达发明了世界上第一款数码相机，却倒在了数字化的浪潮中；还有诺基亚、爱立信等辉煌一时的企业，都已光芒不再。这些企业无论规模、实力、技术都是当时首屈一指的，这说明它们的衰落与自身的技术实力关系不大，直接原因便是它们在“互联网+”时代的战略与创新大方向上没有把握好。而根本原因在于其对形势的认知不足，未进行观念转化，“迷信”过往的经验和成果。

因此，面对数据和信息，我们要打破“经验定式”，拓宽自己的思考角度：

肯定视角，也就是正向思考，首先设想数据、信息是正确的、好的、有价值的，然后沿着这个视角寻找其优点和价值。

否定视角，反向思考，寻找数据、信息的错误、危害、漏洞。

存疑视角，有些时候我们会难以判断，这时最好不勉强“肯定”或者“否定”，不妨放下问题，冷静一下，过一段时间再进行判定。

要通过这样多角度的思考，形成一个自我认知强化的循环过程，让自己对未来产生更为理性的判断，也唯有到达这个层面，你才能真正将数据、信息转化为自己的知识，进而进入知识运用阶段。

4. 行动 / 反射——整合跨界阶段

当你掌握了足够的数据，对信息进行了精准定位，并不再墨守成规时，你便可以根据逻辑理性而不是历史经验规划未来，哪怕所规划之事是自己未曾做过的。而在这个过程当中，不是“外行干掉内行”，而是“趋势干掉规模”。

虽然当今市场划分越来越细，但是这只是由于从业人员占有资料先后不同而形成的一种认知界限，并不反映市场的一些本质。辩证法从来不相信事物之间存在固定分明的界限，市场在高度分化的基础上也在不断地融合发展，加上技术的不断发展创新，行业壁垒逐渐瓦解，有效整合资源、跨界发展是大势所趋。而趋势是无法阻挡的，有人说:“趋势就像一匹马，如果在马后面追，你永远都追不上。”

以上四个阶段组成了我们产生时代智慧的过程，我们在浪漫接触阶段对世界包容和接纳，通过理性分析精准地了解、把握信息，通过认知变革将其转化为自身知识，并顺应时代落地运用。我们也会在这四个阶段中不断地成长起来。

在这个跨界“打劫”的财富时代，要想成就不凡，就要不甘平凡，拥有时代智慧，最大限度地聚合知本能量，让自己成为知本家。

02

互联网新玩法：垂直—开放—生态

如果说跨界是我们在互联网时代无法逃避的生存、竞争方式，那么，互联网格局将如何演变？全球科技巨头的下一步动作是什么？新格局下如何玩转互联网？

第三代互联网时代谁主沉浮

1996 年 1 月，中国公用计算机互联网（China Net）全国骨干网建成并正式开通，至此，中国进入了初级触网时代。我们姑且将这个时间作为中国互联网发展的里程碑，以 10 年为计算单位，中国互联网已经走过了两个发展阶段。

第一个 10 年，PC 互联网时代，海量用户涌入互联网带来流量红利，核心思维——流量至上、流量为王！一批独角兽公司也在流量红利中成长壮大，且各司其职，各发其财，相处和谐，如芯片厂商英特尔和 IBM（国际商业机器公司）、HP（惠普）、联想等 PC 厂商负责硬件系统，微软负责 OS（操作系统），运营商提供网络，谷歌、腾讯等互联网企业负责提供相关互联网应用。

第二个 10 年，移动互联网时代，社交网络与新媒体兴起，每个用户都是信息的中心，信息裂变化传播，整个互联网呈现出碎片化、去中心化、场景化特征。此时，以 BAT（百度、阿里巴巴、腾讯）等为代表的互联网企业争夺移动互联网流量入口的战争已经延伸至各个领域，社交、内容、电商、本地生活等细分领域激烈竞争不断。

移动互联网时代后，下一个时代是什么？

《人类简史》作者尤瓦尔在其 2017 年出版的《未来简史》中表示：人类过去的几千年里从来没有过像今天这样，没有人知道未来的 30 年会发生什么。

“没有人知道”，是因为今天各行各业都出现了令人难以理解的事情。

比如，BAT 中每一家公司都在不断地跨越自己的边界，将业务范围延伸至各个领域，可即便有巨头掣肘，依然有抖音、快手的崛起；苹果看起来是手机公司，但是它在芯片领域的投资、制造已经非常强悍；亚马逊虽是电商企业，却已经跨越到运营飞机领域，而其亚马逊智能音箱，又开启了新一代人机交互界面……

所以，你能看清楚规律吗？

如今的时代其实已经不再单一，变得更为复杂，有人称它是“VUCA”时代。

“VUCA”对应的是四个英语单词：易变性（Volatility）、不确定性（Uncertainty）、复杂性（Complexity）、模糊性（Ambiguity）。

这四个特征，也是这个时代非常鲜明的写照。

然而，我认为“VUCA”只是概括了今天时代的特征，它并不能成为一个时代的代名词。今天，互联网巨头边界非常模糊，已经不完全只是在自身强势领域构筑防线，而是彼此进入。同时，新兴企业在夹缝中以新技术、新应用崛起——跨界融合、新技术、新应用是未来时代的机会所在，移动互联网之后将会是大融合时代。

在大融合时代，技术与技术、技术与内容、创业者与大平台、巨头与创业者、企业与企业融合都会越来越密切。

例如，腾讯推出了腾讯浏览服务，相关的内容模块包含资讯、视频、小说、游戏及其独有的微信热文等，相关的 App 则根据需求接入不同内容模块。墨迹天气，便是通过搭入腾讯浏览服务的海量内容平台，借助腾讯强大的大数据分析能力，将用户标签化，为用户推送资讯、视频、小说等个性化的内容。

巨头们已经开始在开放性和生态合作上加码。大融合时代商业竞争的核心也将会是以生态方式构筑产业边界，垂直开放实现有机组合。

互联网时代变迁如图 4-2 所示。

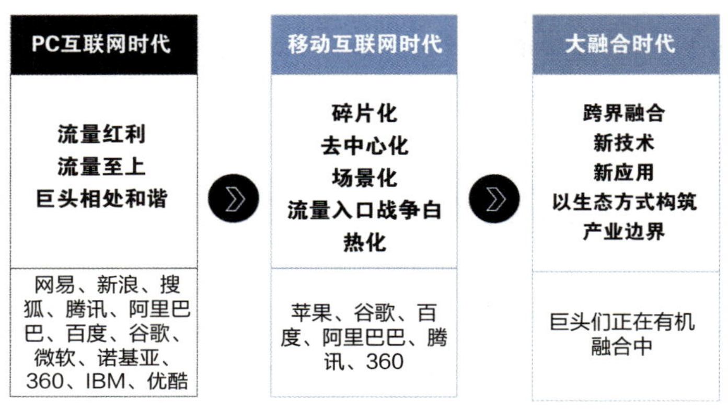

图4-2　互联网时代变迁

垂直整合模式将变革商业模式

有媒体曾表达了这样的观点：移动互联网时代以后，只剩下 BAT 和其他有钱的企业。

然而真的这么绝对吗?

以 App 创业为例，一个 App 制作往往涵盖产品设计、安全维护、优化用户体验等多方面的内容。同时，互联网技术日新月异，云计算、Web App（基于 Web 的系统和应用）等不断驱动着行业前进，普通创业团队很难一直保持技术优势。但是，Facebook（脸书）、腾讯等巨头加速开放，利用现有的流量、资源、技术、模式等为创业者提供更多解决方案，从而日益壮大自身商业圈。

Facebook 作为全球最大的社交网络平台，早在 2007 年就已经开放了自己的应用编程接口（API）。第三方软件开发者只需将自身开发创造接口接入，就可以直接分享 Facebook 的用户流量，迅速提升产品、品牌知名度。截至 2013 年，超过 1000 万个应用程序和网站与Facebook进行了整合，而随着开放平台的扩展，Facebook在2017年第二季度月活跃用户数已经超过20亿人。

巨头们以流量和资本为纽带，打造开放平台，构建生态系统，来接入优秀的产品和内容生产者，这种模式使其赢得自身利益的同时，也推动了整个互联网行业的良性发展，因此在大融合时代，有机融合将会成为常态，身为引领时代潮流的知本家必须洞察、熟知这种开放垂直、合作共赢的操作模式，如图4-3所示。

图4-3 垂直整合模式

1. 垂直化服务——服务升级才是留住用户之本

中国互联网生态竞争正在进入下半场：流量红利已经过去，整体流量增长将趋于缓慢；几乎大部分流量都被巨头吸走。这时，流量思维逐渐转变为用户思维：企业不再仅盯着流量，而是抓住精准用户，精准用户不仅会持续购买产品，还会贡献自己的时间、精力以及影响力，会成为产品、品牌的“义工”和宣传员。

那么，如何抓住精准用户？

移动端的崛起促进了服务应用更加垂直化发展，立足某一领域深挖一公里，将服务做到极致，带给用户最佳服务体验和解决方案，捕获用户的心。这已经成为众多企业家的共识，也是目前众多企业普遍的打法。

例如腾讯在其所提供的云端服务中，通过代理加密、URL（统一资源定位符）安全检测、负载监控等安全措施，进一步防范网页被恶意劫持、插入广告及植入恶意文件。企业在接入 Web App 强大的安全保障体系后，信息泄露、流量劫持、钓鱼软件等安全问题得到了解决。

当然，我们目前也许还未具备巨头那般大的商业“盘子”，因此做垂直化服务时要明确以下三点。

选择好垂直入口，这个入口所涉及的领域应该是你所熟知、擅长的，具备优势的，以便牢牢占据有利位置。

打造用户超级体验，用户的超级体验是垂直化服务的核心目标，没有超级体验，再垂直也枉然。

形成“共识体”，垂直的目的是抓住精准用户，而这种抓住是对用户的心智占领，是团结一大批用户形成价值观相同、互通的“共识体”，以便形成独特的社区文化与基因。

2. 开放式——最大化资源整合利用

任何一个坐拥上亿用户的巨头企业都不可能做到面面俱到或者说融合所有的垂直化服务。

所以，即便是 BAT 这样的巨无霸，也需要在自己的垂直领域，或开放自己的技术，或开放自己的流量，或开放自己的商业模块，以便更好地接入更具创新能力的产品、技术、服务模式。

这便是开放的商业模式：企业为了最大化商业价值，打破组织的边界，整合企业利益相关者的所有知识和资源（创意、技术等），通过内外部资源的耦合，增强企业的价值创造能力和利益的一种商业模式。

开放的商业模式有三种模型可以运用。

分享式，充分利用企业内部的各种资源，开发出各种各样的业务来赚取利润，而其业务并不能与客户的需求相联系，例如中国移动、迪士尼。

吸收式，通过对外部资源的整合，进行生产、营销以及销售的外包，企业获得利润，实现价值，例如美特斯邦威、麦当劳、可口可乐。

开放式，一方面依赖于整合外部第三方的资源来增强自己的创新能力和竞争力，另一方面积极与其他企业分享自己内部未被充分利用的资源以获得额外的收入，例如谷歌。

在这三种模型中，开放式模型在分享内部资源和整合外部资源两方面都能发挥作用，也是企业实施开放性战略的“终极目标”所在。

搜索引擎公司谷歌，各种商业计划中都贯穿着开放的理念。谷歌通过与相关书店、零售商以及支持各种电子书形式的网络公司等结盟，进行资源的整合和利用，让消费者不受设备、软件、操作系统以及零售商的限制，在互联网上任何一个地方都能买到自己想要的书。谷歌通过开放式的商业模型，有效避免了垂直整合模式中消费者被限制在一台设备、一家书店的缺陷，从而为电子书产业的发展开辟了一条新路。

3. 生态化——企业开始趋向生态圈发展

对互联网来说，任何一种创新或服务升级都会带来全新的变化。但是我们又不得不承认，随着BAT、京东、今日头条、滴滴出行等一大批公司趋于稳定，以服务体系、内容体系、支付体系、搜索体系、技术体系等聚拢的生态圈开始形成并发挥作用，围绕我们的衣食住行、娱乐消费等线上线下的融合正在进一步触发当中。因此生态圈的发展会是未来趋势。

至于如何打造生态圈，在下文中我将详细为大家分析。

互联网格局已经发生变化，传统的打法正在失效，今天企业的成败，取决于企业能否成为顶尖的专业化的“小而美”企业，被他人整合，加入新商业生态；能否建立跨界平台，整合他人，建立开放的商业生态。

03

苹果树法则：打造互联网新生态

曾经的传统行业巨头被互联网颠覆，而未来的互联网关键词是生态！

互联网的快速发展，对产业形态和企业发展产生了巨大影响，阿里巴巴、腾讯、小米等众多互联网企业纷纷通过构建生态系统，实现生态战略布局。

在互联网生态战略布局之下，未来考验的不是企业单打独斗的能力，而是与整个生态的协同能力。未来的市场竞争将是不同商业生态系统之间的竞争。

互联网生态三层次

“生态系统”一词来源于生物学，是指一个由不同类型生物种群及其所处环境通过互相支持与制约而形成的动态平衡的统一整体，大至一片森林、一个湖泊，小至一个池塘、一棵树都可以构成一个完整的生态系统。

人类商业的发展已包含个体、组织，以及个体和组织之间形成的系统，如行业、行业联盟。个体、组织和系统成员之间也构成了类似于自然生态系统中的“食物链”，且彼此之间逐渐形成利益共生的关系，这种利益共生的关系构成了商业生态。

而自人类进入互联网时代，“商业生态”逐渐演变为互联网生态：以互联网技术为核心，以用户价值为导向，通过跨界纵向产业链整合，横向拓展用户关系圈，打破工业时代产业边界，改变传统商业生态模式。

如同人类的进化一样，互联网的生态也经历着从简单到复杂、从低效向高效的进化过程，为此可将互联网生态分为三个层次，最为简单的生态圈，复杂的生态链，终极生态系统——“生态圈＋生态链”，如图 4-4 所示。

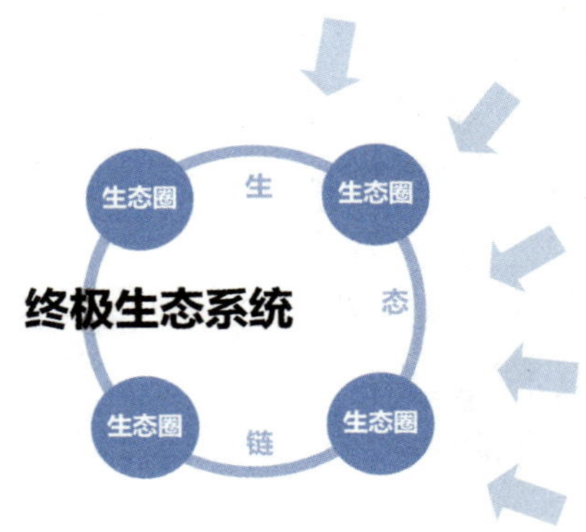

图4-4　互联网生态的三个层次

生态圈，基于市场，企业与企业之间在运作过程中互相为对方创造价值的关系链接，主要通过运作过程的资源共享和经营活动上的联系在某一领域自主“聚合”。如阿里巴巴菜鸟网络，便是联合了银泰集团、顺丰、“三通一达”（申通、圆通、中通、韵达）及相关金融机构共同形成的物流体系生态圈。

生态链，则是基于商业利益，不同业务参与者所形成的一个以价值创造和价值共享为基础的商业联合体，成员之间在资源和经营活动上互相依赖，彼此成为各自增值活动的一部分。如小米生态链便是以手机为核心，快速搭建产业链，连接几乎所有智能设备，不仅涉及了硬件设备的制造、软件研发、销售和进出口等，还布局地图、智能家居、互联网金融、移动安全、新媒体、电商、影视、手游等领域。

终极生态系统，不仅有生态圈，也有生态链，生态圈构成各种商业“小环境”，生态链则能够有机连接这些“小环境”，链、圈的结合构建一个“大环境”，最大化地整合、优化资源。如阿里巴巴生态系统便是由横向扩展的开放生态圈和垂直整合的闭环生态链共同构成的完整生态系统，如图 4-5 所示。

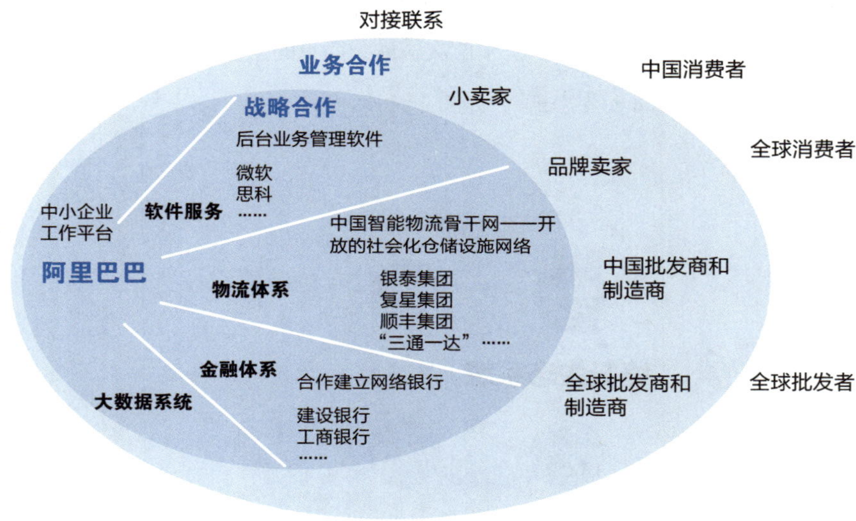

图4-5　阿里巴巴生态系统（一）

阿里巴巴通过横向扩展，形成了零售、软件服务、物流、金融、大数据等生态圈，同时，“入口 + 服务 + 支付”垂直整合构成闭环生态链，生态链的每个环节都通过生态开放，引入与生态强相关的外部资源，激发强烈的生态化学反应，不断创造全新的产品体验和更高的用户价值，如图 4-6 所示。

当然互联网生态的构建是一个系统性工程，生态圈或生态链的建设只是第一步，你可以视自身的实际情况选择先建设生态圈还是生态链，但要有野心和长远目光，以终极生态系统为最终目的。

那么，如何具体进行互联网生态的建设？可参考苹果树法则。

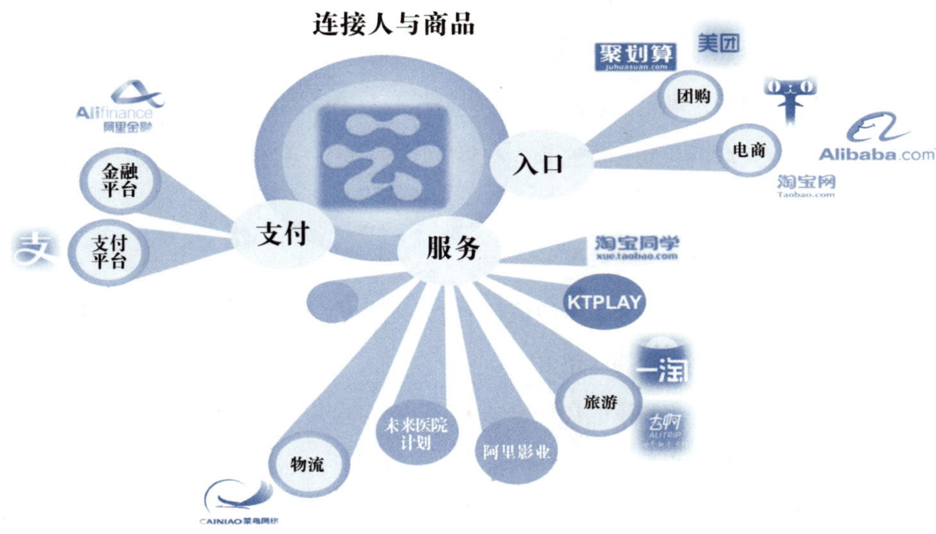

图4-6 阿里巴巴生态系统（二）

苹果树法则：果实—树干—树根

互联网生态中的很多规律与自然界生态中的规律有着相似之处，互联网生态构建过程好比一棵苹果树的成长过程：树根，寻找突破口，抓牢土壤；树干，长出枝叶，进行光合作用，分解体内有机物，释放能量，供生命活动使用；果实，香甜可口，令人爱不释手。

互联网生态建设遵循这样的一个规律，只是互联网需要先呈现出“果实”：

果实——产品、内容等，激活互联网生态的上游；

树干——平台、渠道的聚合、分发，强化互联网生态的中游；

树根——终端入口、用户社群等，抓牢互联网生态的下游。

我们可以称这套建设方法为苹果树法则。

1. 果实——生态上游

在互联网生态中，果实代表的是产品、内容，产品是商业中的基础要素，它直接作用于用户，目的是满足用户需求，它也是你盈利的依据。

想要构建互联网生态，你必须先有果实，并让用户看到，因此打造一颗诱人的果实是第一步。

2. 树干——生态中游

树干是支撑果实，令果实健康成长的必不可少的保证，在互联网生态中它处于中游，也就是围绕产品衍生的应用。

在这个过程中，当积累的应用足够多，产生了应用之间连接交互的需求时，便产生了承载应用交互的平台，如微信的公众号、开放平台、企业平台、游戏平台等；当平台积累的功能增多，产生了功能之间相互沟通的连接需求时，便产生了一个交易产品、服务于信息的系统，如平台衍生出的负责支付、社交等的各种商业系统。

树干部分也是垂直开放发展的重要内容。

3. 树根——生态下游

根不壮则树不长，根系不强，疏枝瘦朵，根系发达，枝繁叶茂、硕果累累。而商业树根所代表的是互联网生态的下游，你可以将其理解为“基础建设”，它是企业赖以生存的根本，包含终端入口、用户社群、品牌打造等，所有的动作只为让整棵商业之树更加茁壮。

当你按照这样的苹果树法则呈现了果实、强化了树干、壮大了树根，不管是打造生态圈，还是构建生态链，都更容易成功。从产品到应用到平台到系统到生态，每一个层次的升级都会是整个生态价值转化的加速器。

最后，希望大家始终记住一点：互联网生态系统是经过精心策划的有未来目标和构想的“人工系统”，生态系统的竞争也与平台竞争截然不同，比拼的不是业务层面的规模和开放度，而是连接“物种”的丰富度和用户对其的依赖度。

互联网生态的发展将会是一场长跑，其能量或许才刚刚开始释放，但是我们有理由相信，目前我们看到的和用到的只是冰山一角。

区块链带来新数字智产

每一次新机遇的到来，都会成就一批人！当今互联网的新机遇是什么？区块链！

面对这样的机遇，当别人不明白时，知本家明白自己在做什么；当别人不理解时，知本家理解自己拥有的是什么；当别人明白了，知本家富有了；当别人理解了，知本家成功了。

区块链让智产来势汹汹

区块链，是时下极火热的词之一。

目前，区块链技术除却虚拟货币市场，已经涉足多个领域，如图 4-7 所示。

阿里巴巴、京东、360、国美等均涉足区块链领域，区块链技术的应用是无止境的，其涉及领域越来越广，尽管目前还不成熟，但它是当今备受瞩目的互联网技术。

而伴随着区块链技术的推广，一种新兴的经济形态——通证经济，也逐渐走进人们的视野。

通证，是 Token 一词的翻译，即“流通”和“权益证明”，具有三层含义：

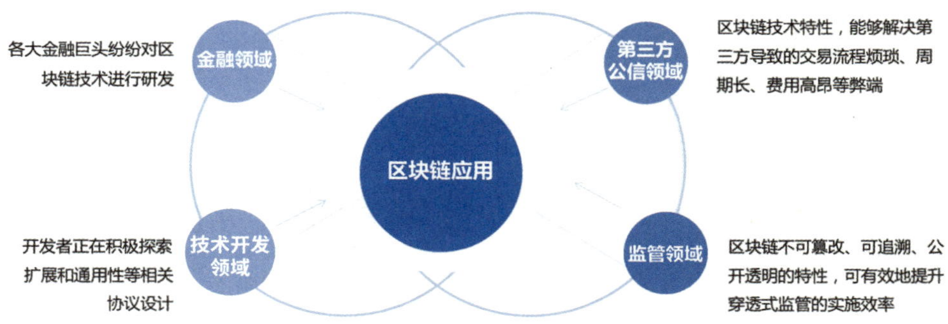

图4－7　区块链技术涉足领域

数字权益的证明，也就是说通证必须是以数字形式存在的权益凭证，它代表一种权利，一种固有和内在的价值；

可流通性，也就是说通证必须能够在一个网络中流动，可以随时随地被验证；

加密，也就是说通证的真实性、防篡改性、保护隐私等能力，由密码学予以保障。

随着通证面纱被揭开，未来，多种权益证明如门票、合同、证书、资质等均可以通证化，放在区块链上流转，让市场自动发现其价值，同时可以在现实经济中得到验证，而这就是通证经济，借助区块链或者可信的中心化系统可把数字管理发挥到极致。

也就是说，有了通证，我们所拥有的一切几乎都可以用数字化来进行“固定”衡量，有好创意可以获得通证、有好技术可以获得通证、有数据贡献可以获得通证……通证极大地冲击了我们对资产的认识，资产从传统的货币、贵金属、存货、固定资产，扩展至技术、管理才能、创意、文化等具有巨大商业价值的“无形资产”。

人们的资产形式扩大至以数字权益形式存在的数字智产：依托区块链、通证系统，将人的知识潜力无限放大为知识资本，简单理解就是能够充分转化为经济成果的知识成就。未来知本家手中所握也不再仅仅是数字资产，而是数字智产。

智产布局：通证化之路

数字在经济发展中正散发着无与伦比的魅力。

中国信息通信研究院发布的《中国数字经济发展与就业白皮书（2018 年）》显示，我国数字经济总量持续增长，2017 年中国数字经济规模达到 27.2 万亿元，同比增长 20.3%，占 GDP 比重达到 32.9%，相较 2017 全年的 GDP 增速，数字经济的增长速度迅猛，中国数字经济的规模已经位居世界前列。英国《金融时报》表示，中国正成为全球数字经济革命的中心。

通证加上区块链技术，能够赋予商业社会三大数字化力量：

第一，通证能够让人在一个系统中更加精细、理性、立体地观察与感知数字化世界和现实世界中正在发生的一切，进而更加立体和更加精细地进行自身经营、产品控制、事件控制和结果控制。

第二，通证经济的发展模式蕴含技术、制度、文化三个层面，它是一个闭环的生态系统，会改变甚至颠覆我们曾经仰仗的思维方式、结构和实践经验。

第三，通证世界与现实世界是互为镜像的两个世界，模糊了不同行业间的边界，这种效应正在向生态系统、企业、用户、产品服务快速蔓延。

成功从来都是青睐懂得抢占先机的人，而先机也是最大的财富风口。在这样的数字化变革面前，我们也应抓住先机，快人一步做出智产布局，如图 4-8 所示。

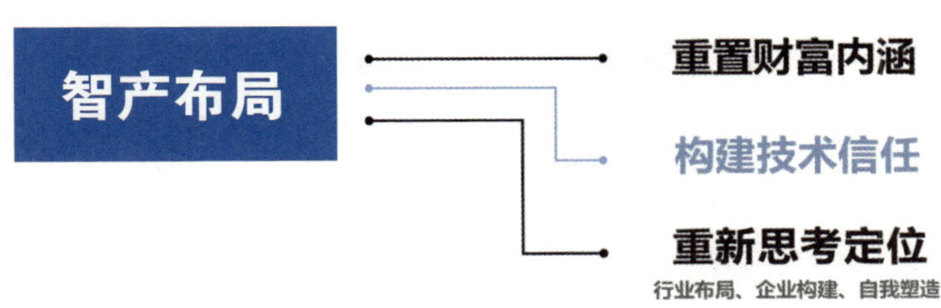

图4-8 智产布局

1. 重置财富内涵

在通证经济中，获得的是权益价值收益，这个“权益”不单单来自我们传统认知中的诸如黄金、货币、房产等财富形式。通证将财富真正延伸至技能、技术创新、文化特长等领域，并对其量化。依照通证经济的发展模式，未来真正的财富将是“价值所有权”，也就是你对为人类社会所创造的价值的所有权，这也将成为你真正的资本。

因此，你要让自己成为知本家，拥有“一技之长”，它会成为你掌握未来财富的有效手段。

2. 构建技术信任

哲学家亚里士多德曾表示：信任是说服力的核心。互联网时代更是如此。但是，我们面临着信任困境：特殊信任程度高，如最信任家庭成员和亲密朋友；普遍信任程度低，如并不信任网友和陌生人。这加剧着我们的互动成本。

而区块链技术重要的特征就是改变现在互联网的底层协议，在互联网中通过加密算法、解密算法、时间戳等一系列数学方式构造一种机制。在这个机制中，人们在不能互相信任的前提下，还可以从事价值的交换活动，依靠区块链技术去中心化、去信任化、集团维护、数据库可信的四大优势，改变交易信用体系。

未来依据技术的信任系统将会成为一大发展趋势。

3. 重新思考定位

有人说：“通证经济颠覆的不只是中间商，它将把人类社会经济发展推到一个新的高度。”对此，我们必须做如下的思考和定位。

重新进行行业布局——你的世界观要怎样改变才能跟上时代发展趋势？你要对你的行业和曾经的商业行为进行怎样的反思？

重新构建你的项目、企业——你的项目、企业需要做出什么样的改变？你准备如何借助通证经济这股东风运营你的项目、企业？

重新塑造自己——你想成为怎样的人？如何重塑自己并保证自己处于领先地位？

任何一次商机的到来都会经历“看不见”“看不起”“看不懂”“来不及”四个阶段。目前对于区块链、通证，许多人的认知度不够，甚至认为其是极难理解或是自己不愿了解的“技术流”，但这并不能成为我们不去认知未来的借口，我们要做的是看见它、看重它、看懂它，来得及站上风口。

05

知者禅心，坚持“四个伟大”

“商业”和“设计”有很多方面是相辅相成的：在一个充满变化和不可预测的市场环境中想要创新突围，商业需要设计。

如何设计？在明时、明势、明法（办法）后，更要强心，有韧性，有高度，有格局。

物质是刀柄，精神才是锋利的刀刃

有人说：“打败行业老大的不会是老二，更可能是外来者。”

也许这句话有些片面，但这也正说明了我们身处的时代变化越来越快，知识边界不断被突破，信息的超饱和导致各个领域暂时达成的平衡局面不断被打破，很多企业面临着业绩乏力、融资困难、转型艰难等问题：

业绩乏力，因为缺少爆品、商业模式陈旧；

融资困难，因为成长性不够，无法为投资者构建清晰的未来；

转型艰难，因为缺乏基于战略的系统思考和二次创业的决心。

那么，该如何突围？

商业经营的目的在于创造、提升商业价值。商业价值的提升来自四个核心层面的创新：战略、模式、执行和系统。于是，一个工程学术语——顶层设计，成为新的商业热词。

顶层设计在工程学的本义是统筹考虑项目各层次和各要素，追根溯源，总览全局，在最高层次寻求问题的解决之道。引入商业领域后，它便成为一种针对传统设计模式即底层设计模式的颠覆，是一种新的方法：

战略指引方向；

模式设计策略；

执行决定绩效；

系统确定保障；

价值创造贯穿整个战略从顶层设计到执行的过程。

在这样的一个过程中，面向未知进行探索，发现问题和实现计划的能力，已经成为必要条件。成功创建过商业奇迹的“商业设计者”往往认同“物质的原因和结果不过是刀柄，精神的原因和结果才是真正锋利的刀刃”。“信念”和“价值观”看似无形无味，其实它们才是决定商业命运的根本。也就是说，商业的顶层设计除了方法之外，也需要“设计者”的信念、精神加持。

比如，苹果的成长，源于乔布斯的创新精神；小米的成功，源于雷军“发烧”精神的引领。

德国著名社会学家马克斯·韦伯表示：商人们觉得，只要他们外表得体，道德行为没有污点，正确使用财产，就可以放心大胆地创造财富，同时感到这么做是在尽一种责任。道德感、责任感使商人们找到了经商的正当理由和精神动力，甚至可以说整个西方文明都离不开商业精神的推动。

因此，我认为最佳的顶层设计，是以精神为引导的，自上而下的系统化工程。

“四个伟大”会是极佳顶层设计方式

2017 年，习近平总书记在省部级主要领导干部“学习习近平总书记重要讲话精神，迎接党的十九大”专题研讨班开班式上的重要讲话中强调，在新的时代条件下，我们要进行伟大斗争、建设伟大工程、推进伟大事业、实现伟大梦想。商业的发展离不开国家这个大环境，国家政策也是一国经济发展的风向标，因此，我们可以将这“四个伟大”运用于商业的顶层设计之中，如图 4-9 所示。

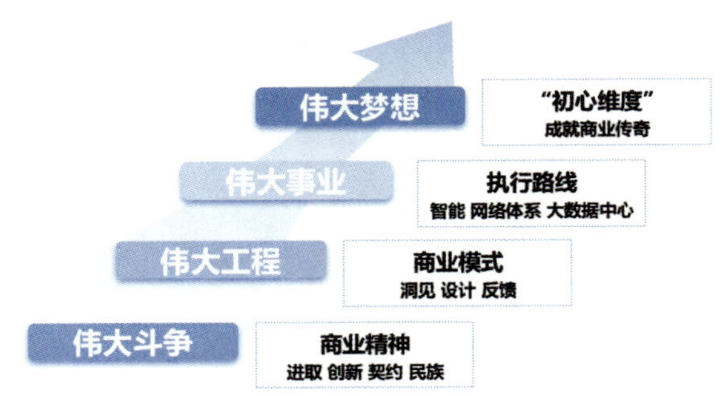

图4-9 “四个伟大”运用于顶层设计

1. 伟大斗争——以什么样的精神状态引领商业

中国经济呈现出的新的竞争态势：一方面，中国人口红利消失，“制造大国”的优势正在逐渐消失，互联网经济崛起更是刺激了经济的创新发展；另一方面，产能过剩、消费升级、竞争加剧，创业、创新更为艰难。同时，整个中国经济发展也进入“新常态”：经济结构不断地优化升级；从要素驱动、投资驱动转向创新驱动。

面对这样的新形势，想要在商海中乃至世界经济舞台上发出有影响力的声音，就需要我们进行伟大斗争，树立鲜明的商业精神：

进取精神，始终用一团激情燃烧的火焰开疆辟土，万里之国不辞其远，穷乡僻壤不辞其苦。

创新精神，不仅要求自己拥有创新能力，更要把自己管理的组织变成一个创新型组织。

契约精神，给商业一杆公平的秤，为建设一个合理的契约制度而努力，同时善于利用契约制度体系来发展商业。

民族精神，民族精神是企业家的智慧源泉，而民族精神往往体现在企业家的爱国情怀之中，能够引领企业家站在国家乃至世界的高度看待整个商业行为。

当我们寻求到了核心精神能量，便要以永不懈怠的精神状态和一往无前的奋斗姿态勇敢前行。

2. 伟大工程——如何系统构建商业模式

一个企业想要做大，一定要先有一个能够做大做强的模式。很多企业发展到一定程度便无法突破瓶颈，为什么？因为没有顶层设计，没有足够长远的商业模式来支撑。

那么如何进行商业模式的顶层设计？要把它当成一个伟大的工程，既要具备发展的初衷、发展的路线，更要有长久的生命周期，具体说来有三个步骤：

洞见模式，洞察利益相关方的潜在价值，调整利益相关方体系，提升商业生态系统的运作效率，助力整个商业生态系统的复制与扩张；

设计模式，明确生态系统中各个利益相关方的角色调整与资源投入，结合各个利益相关方对结果的影响力与利益诉求，匹配盈利模式，设计推演各个利益相关方的现金流结构，保障整个生态系统现金流结构稳定；

执行反馈，对商业模式进行验证，测试不同利益相关方对新商业模式的认可程度是否达到预期，并在此基础上进行商业模式的调试。

商业模式在今天获得前所未有的重视绝非偶然，学会洞见模式、设计模式、执行反馈，已经成为知本家的必修课。

3. 伟大事业——举什么旗，走什么路，规划好执行路线

搞建设、搞改革、搞商业，都是伟大的事业，道路问题也都是根本的问题。而在互联网时代，我们必须高举互联网这面大旗，走“互联网 +”路线。

构建智能的人和智能的组织，构建智能的人，“智”强调的是认知能力，“能”强调的是技能和行为习惯，也就是要充分发挥个人能力和作用；而构建智能的组织则是在原先的金字塔、矩阵等组织结构形式上，根据企业情况、用户需求来构建更加有效率的组织架构，如一专多能、复合人才培养架构等。

实现自动化与智能化升级改造，采集各种数据，从全生命周期、全流程的角度来分析研究企业的生产执行情况，从中发现短板，进行升级、优化，从而提升企业生产效率。

构建系统化网络体系，该体系要包括信息安全、数据协议、业务协议等内容，并运用这个系统，实现数据采集、传递、存储、分析、应用。

建设大数据中心，数据将会是企业非常重要的一种资产形式，因此要构建商业数据图谱、模型，实现数据与数据之间的集成，同时企业内部的信息平台要与各种社会化平台建立广泛深入的联系，实现资源共享、商业共赢。

需要注意的是，商业模式设计和商业模式执行路线设计是两个概念，如果没有很好的执行路线设计，商业模式再好，也无法落地。

4. 伟大梦想——以什么为目标构建商业生态系统

梦想给人方向，目标催人奋进。有梦想，有机会，有奋斗，就能够创造美好的未来。因此，我们要始终心怀梦想、不懈追求，在构建商业生态系统时，不违初心，坚定目标。

当然不同的目标也决定了你所站的高度。

曾有人将商业竞争分成了五个维度：事业层面的竞争，企业层面的竞争，行业层面的竞争，产业层面的竞争，商业层面的竞争。

如果你的初心在商业层面的竞争维度，你就超越了一群做产业的人；如果你的初心在产业层面的竞争维度，你就超越了一群做行业的人；如果你的初心在行业层面的竞争维度，你就超越了一群做企业的人；如果你的初心在企业层面的竞争维度，你就超越了一群做事业的人；如果你的初心在事业层面的竞争维度，那么你只能与一群同样做事业的人激烈竞争。

因此，我们拥有伟大的梦想，就拥有足够高的“初心维度”。眼中所见的不是一片树叶，而是整片森林，才能创造出真正的商业传奇。

知本战略是知本家在深刻认知时代特征、商业变革中必备的一项基本技能，出发点在于时代趋势，落脚点在于商业设计，也唯有如此才能够支撑起知本家足够的商业“野心”。

查理·芒格表示：要得到你想要的某样东西，最可靠的办法就是让你自己配得上它。如果在能力上没有提高，却只执着于欲望，那么最后要面对的只能是万丈深渊。今天，时代已变，假如你不变，你将输得很惨。

第五章

知本工具

——让知本更好地“资本运动”

最重要的工具就是标准化的语言，它能发出成千上万的信号。

——沃格勒《作家之旅：源自神话的写作要义》

人类最重要的进化是学会了使用工具，没有工具，人类就是一个脆弱的物种，没有任何人可以手无寸铁地面对自然。同样，缺乏工具的运用，知本家的效率和魅力也会大打折扣。而对知本家来说，称心的工具莫过于平台、媒体以及认知术。

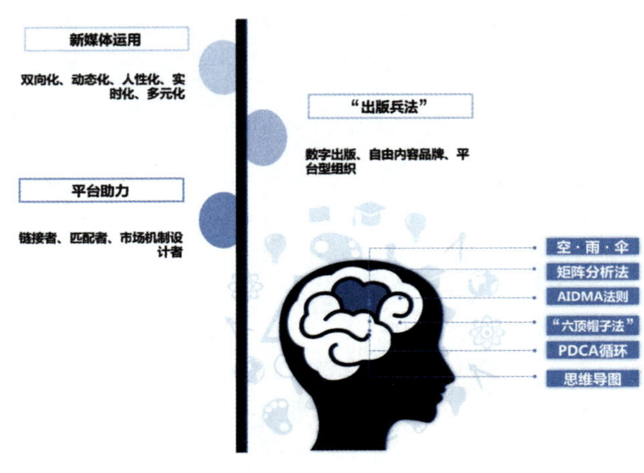

01

知本平台助力共享

几千年来，知识绝大部分都是通过文字写在书本中，而图书馆成了知识平台，将书本和知识进行分类，象征着人类文明的知识总和。

然而，互联网在不到100年的时间里，几乎颠覆了图书馆的知识平台属性，互联网知识平台更好地连接起知识极客和知识消费者，驱动的是双边市场，它们是连接者、匹配者和市场机制设计者……

互联网知识平台的四个作用

当谈起最近这一波互联网知识经济浪潮时，我们谈论的是知乎、得到、喜马拉雅、微信公众号等，它们都是互联网知识平台。

其实早在2016年，中国互联网知识浪潮初起，我们就看到了一些售卖或交易知识产品的平台。例如，实物商品的网络零售平台，类似于亚马逊、淘宝、当当；构建自身“知识市场”的平台，类似于维基百科、知乎。

从众多的知识平台中，我们也可以概括出它们的原型。

知识产品与服务的交易平台，如亚马逊、当当、淘宝；

信息与知识匹配平台，如谷歌、百度；

基于分享精神的支持而进行的大规模知识协作生产的平台，如维基百科。

在这三大原型中，有的是流量型平台，一方面为内容输入者提供大量用户，另一方面为平台用户提供大量的内容服务；有的是工具型平台，只是以一个技术的供应商身份，提供技术与运营解决方案，内容基本由内容生产者打造。但不管怎样，作为互联网知识经济的引擎，它们都承担着四个作用，如图 5-1 所示。

图5-1　互联网知识平台的四个作用

一是产品化，把知识转化为产品与服务；

二是格式化，创造新格式或将新格式发扬光大；

三是工具化，将知识转化为工具；

四是商业化，创造价值、分配价值、获取价值。

对于产品化，很多人往往存在这样的误解：产品是知识生产者做的，和平台没有什么关系。比如图书，网络销售平台卖书便好，根本不会介入产品化过程。但是，图书是已经完全定型的产品，在互联网多数的信息与知识产品中，大多数平台协助交易、交换的并不是已经定型的知识产品。也正因如此，平台才会深度介入知识产品的生产过程，平台决策也决定了知识产品“长什么样”，甚至有些平台会自己打造产品。2015 年至 2017 年，受到关注的知识产品大多是由平台支撑的，如电子书、一对一线下分享、年付费订阅专栏等。

产品化是将信息和知识打造成产品进行直接交易，格式化则是平台创造全新的格式或顺应互联网的潮流，将某种格式发扬光大。如博客文章是一种格式，社交问答是一种格式，60 秒音频是一种格式，短视频是一种格式……而抖音、快手的兴起，则是将短视频这样的知识格式发扬光大了。当然，格式化通常需要长期的演进，只有个别平台才有机会成功推动某个格式发展，或者对某个格式进行改造。例如，新浪微博是对新浪博客的改造，并成功推动了微博这种格式的流行。

对于单纯的娱乐来说，一旦消费了内容，消费也就结束了，但是对于知识的学习、传递来说，除了提供内容让消费者理解、学习外，更好的做法是将知识转化为工具，从而让知识从“存在”变得“实干”。其实将知识转化为工具，然后卖给消费者，已经不是什么新鲜事，比如，我们在购买一个家电、一辆汽车时，我们购买的是包含大量的知识、工具化的产品。只是今天，随着知识付费的兴起，知识工具化更为明显了。

这一波互联网知识经济浪潮与以往不同，出现了一大波新的观念，如德鲁克的“知识工作者”、拉姆·查兰的“执行”、克里斯坦森的“颠覆式创新”。而关于知识经济，更多的视线关注的是“经济”，也就是知识的商业化，这个商业化也是围绕价值展开的。首先，互联网平台是市场的构建者与运营者，要为市场创造整体价值，然后才能从中获得应得的价值份额，它通过平台模式创造指数级的价值增长从而获得巨大的价值。其次，平台承担着在平台参与者间分配价值的职能。目前大多数平台已经在承担知识商业化的职责。

关注互联网平台，是因为平台决定了整个产业的走向，不管我们是作为内容提供商还是知识消费者，都必然受到平台的影响。

知识平台的未来走向

虽然互联网知识经济仍处于起步阶段，知识平台大多仍处于无准入门槛、无行业标准、无质量监督体系的“三无”状态，但已呈现出新的特点：一方面，用户越来越理性，知识消费不再单纯由焦虑和恐慌来驱动；另一方面，内容同质化越来越严重，开始出现平台和创作者“注水”的行业乱象。

这些新特点让知识平台开始回归本源——怎样的平台、怎样的知识产品是真正有价值的？未来知识平台的走向会如何？

1. 从单一模式走向矩阵模式

当今知识内容产业不断扩大，但是内容的迭代追不上商业变现，市场又无法消化越来越冗余的知识信息。在这样的背景下，知识平台必然要加大技术与场景的深层迭代，在知识分享的定位上发展多元化业务，从单一模式走向矩阵模式。

2017 年，对知乎来说应该是个“丰收年”：问答社区用户持续增长，一站式知识服务平台“知乎大学”完成战略升级，再加上短内容分享功能“想法”、备受年轻人喜欢的“读书会”、盐 Club 等，知乎已经形成了社区、音频、视频在内的多元媒介形式。截至 2018 年 6 月底，知乎的注册用户已经达到 1.8 亿人，相比 2017 年同期增加了一倍多。知乎也从曾经的知识社区开始走向矩阵式知识平台，建立了三个新的壁垒：

智能社区，用 AI（人工智能）解决内容生产、内容质量、社区氛围、信息推荐等方面的问题；问题路由、推荐算法、用户画像等工具，帮助用户精准触达全平台问答内容，进一步提升了平台的连接效率。

工具场景，进行内容的结构化升级，提供多元化的解答方式，让个人知识碎片能够在平台内被重新整合，未来连接越来越多的服务场景，成为用户获取知识、观点和专业服务的便携工具。

商业矩阵，从 2017 年起知乎开始商业化，其核心收入是商业广告和知识服务。随着 2018 年 E 轮融资注入，知乎有足够的粮草去持续提升用户的服务品质，进行知识产品迭代。

可以说，在平台矩阵化趋势上，知乎已经为我们提供了很好的典范。

2. 垂直类知识内容开始受关注，腰部 KOL 机会来临

早期知识平台的知识变现特权往往掌握在头部 KOL 手中，如李翔、马东等一线

知识明星 KOL 一开课便能获得百万到千万级别的收入。但是今天这种标杆垂直到了各个领域的知识内容，各个平台也有的放矢地对垂直领域的内容进行扶持。

比如，喜马拉雅本身做 UGC（用户原创内容）起家，在垂直类运营上有丰富的经验，其一边拉拢头部的 KOL，一边专注孵化腰部 KOL，其间孵化了约 2000 位知识“网红”以及超过 1 万节付费课程。

再如得到，罗振宇已经注意到垂直类知识领域的优势和重要性，并在商业、经济内容之外，请到了严伯钧、徐来等人来开讲艺术、科学等课程，还以独家解读版电子书（文字 + 音频）的形式，切入垂直类知识内容的运营，涉及历史、心理、亲子、科学等各个方面。

头部 KOL 毕竟凤毛麟角，其成长也有一定的偶然性，大多 KOL 抓住了知识付费风口而崛起，如今风口已过，想要占据头部位置可谓难上加难。但是知识平台对腰部 KOL 的扶持，会为越来越多年轻知本家提供更大的机遇。

3. 锚定人的价值

互联网出现后，信息不对称问题虽然得到了极大的解决，但是仍不够高效，知识平台要做的是让普通民众的知识碎片变成一种普遍的社会资产，对不同场景的描述除了信息流、想法、首页热榜等，还要用用户高频使用的搜索引擎和不同的媒介形态（文字、音频、视频）搭建出一个庞大的知识星球，这里面将更多地依靠人的作用。

因此，知识平台的成功不仅在于链接庞大的内容产业，更在于追寻人的价值最大化。

工具常变常新，平台也是如此。把单一的内容做成一个完整的价值链，成为一个和用户共同成长的知识生态系统，或许这才是知识平台乃至知识产业真正的价值所在，也会是未来的趋势。

也许，我们现在无法判断哪个知识平台会坐稳中国知识平台“头把交椅”，但是通过对平台特征的分析和未来趋势的预判，我们完全可以给自己选择一个适合的知识平台。

02

“出版兵法”抢占心智

现在人们有很多获得信息的途径，但是能够通过思考训练而获得信息的完美道路依旧非读书莫属，书依旧是人类最了不起的思想工具，这也决定了出版业并不会像有些人所说的那样在互联网的冲击中没落，反而会随着知识经济的发展，呈现出新的特点，发挥更大的作用。

朝阳与夕阳的转换

在过去的几年，作为纸质媒体行业的代表之一，出版业受互联网冲击，一度被看作“夕阳产业”。

确实，许多作为出版产业晴雨表的实体书店近年纷纷倒闭。

2010 年，在广州，三联书店、“学而优”暨南大学西门店、龙之媒书店三家知名书店宣布结束营业；2011 年，在上海，季风书园有几家店倒闭，复旦大学南区经营 17 年之久的庆云书店宣布关张……

为此，知名文物收藏家马未都在其博客表示：今天是经济社会，把传统书店逼入死角，让美好变成噩梦。我知道，传统纸媒走向没落是必然，如同两千年前的竹简木牍走向灭亡一样。

然而真是如此吗?

知乎从2017年开始售卖纸质书，其与中信出版社合作先后出版的纸质书无一例外都成为出版社当年的畅销书目。同时知乎的电子书受到了互联网读者们的广泛认同。在2015、2016年的亚马逊免费中文电子书排行榜Top10中，知乎出版的电子书均占据4席。而知乎的出版业务为作者带来的总收益已经超600万元。

在最近几年，出版业没有像杂志和报纸一样衰落，在内容付费风口兴起的同时，更是呈现出了一些新的特点：

数字出版增长快速，互联网技术普及改变了传统信息传播方式及人们的阅读形式，电子图书、数字报纸、网络教育、数字音乐、网络文学、动漫游戏等快速兴起，数字出版行业迎来大发展。

出版社将孵化出更多的自由内容品牌，比如围绕一类图书市场，在内容策划、营销、包装设计等方面做到极致，打造特点鲜明的内容品牌，谁在未来拥有的自由内容品牌越多，便越有影响力。

自由出版人将大量出现，很多曾因纸媒没落而离开工作岗位的出版行业内的人将变为自由出版人，成为作者内容变现经纪人，同时各层人士经过专业图书策划公司的协助，可更快捷、更高质量地进行个人图书出版。

出版行业将出现平台型组织，会出现涵盖出版业务整体流程的出版服务平台，为自由出版人提供出版服务。

图书销售不再是唯一利润来源，内容出版的变现模式已经不仅仅靠卖书，还有影视、游戏IP化，当内容付费风口被打开，未来会有更多的变现之路。

另外，如果说电子书本质依然是“书”，是图文形式载体，现在直播和短视频正在通过全新的方式侵占知本家领地。很多人可能不会写书，但是在直播平台依然是内容生产者，通过“言传身教”的方式将自身生产的内容直接传达给目标用户。

也就是说，人人都是知识的创造者和传播者，处处都是知识获取地，我们所面临的不是图书形式、载体的变革，不是传播方式的改变，而是人类知识和思想传播模式的变革，出版泛化，从纸质载体剥离，正在朝“阅读产品—阅读服务 —内容服务”方向转变，同时这个过程是可逆的，一旦一个人具备超强“内容服务”，便可以出品“畅销书”，将流量转化为读者。

因此，出版行业并非像人们说的那样是“夕阳产业”，新特点的出现也让其迸发出新的生命力，我们不应该将图书看成一个商品，让自己成为一个“书店”，而是应将图书作为一个知识、文化入口，去帮助用户打开一扇新的大门。

“出版兵法”，攻心掠地

“书中自有颜如玉，书中自有黄金屋”，书对知本家来说，更是一种知识、精神的传播载体，能够系统地展现你的知识体系，打造知识型 IP，能够安静地让用户与你“交流”，让你更容易对用户的心智产生影响。

因此，借助书本的力量，像古代圣贤般著书立说，也是知本家实现自我价值的一条重要途径。

然而，打造一本畅销书，需要选题策划、组稿、设计、排版等一系列过程，并通过多种形式推向市场，对于很多不熟悉出版领域的知本家来说也是一场“硬仗”，他们也需熟识“出版兵法”，如图 5-2 所示。

图5-2 “出版兵法”

1. 始计篇——统筹规划

《孙子兵法》的《始计篇》讲的是庙算，即出兵前在庙堂上比较敌我的各种条件，估算战事胜负的可能性，并制订作战计划，是一种统筹把握。而在“出版兵法”中，始计篇是立足自身知识体系、市场、读者，对图书出版这件事统筹规划：

有明确的方向，明确面向哪种类型的读者，了解市场前景；

考虑选题是否符合出版的方向和定位；

从读者角度思考，从读者需求出发，贴近市场，综合考虑选题、包装设计、销售渠道、成本投入等。

2. 谋攻篇——优质内容打磨

图书是对读者心智的占领，讲究的是“智谋”，也就是用富含智慧的内容吸引用户，一般包含两个基本要素：内容要具备足够的信息浓度，阅读界面友好美观。

一本书绝对不是多篇文章的简单集合或粗暴堆积，一定有它的内在逻辑，这种内在逻辑体现在信息浓度上——能给读者提供价值。

比如，什么是你知道而别人不知道的，现在很多前沿科学研究类的书便属于这种；有什么你可以总结得特别精辟，能够把抽象的信息加工成系统的、简单易懂的、可以被用户更好接受的内容；你有什么反常识，能让用户一读就发出惊叹“原来是这样”……

因此一定要明确以下问题：

用户想要什么？你能提供什么解决方案？

对自身所在的研究领域，哪些人在研究，他们的观点是什么？

你的特色和亮点是什么？

至于阅读界面友好美观，就是你的文字表达方式和内容设计，要通俗或有趣，能让用户更容易接受、理解，并产生阅读愉悦感。具体包括精巧的叙述设计、图文搭配、理论和示例的结合、篇幅比例设计等。

总之，不能自己想表达什么就写什么，表达主体需要清楚地知道这本书的受众群体，他们的理解能力和接受程度，以便让用户更加便捷地享受到信息和“娱乐”。

比如，同样讲述人类社会进化史，尤瓦尔·赫拉利的《人类简史》《未来简史》就非常通俗易懂，不管是何背景、学历的人拿起来都能津津有味地看进去。

3. 军形篇——时机 + 势能

战场上具有客观、稳定、易见的因素，如民心向背、战斗力强弱，而出版战场同样如此。

一本书畅销，是因为它在某些方面反映了读者的需求、迷惑或者焦虑、烦恼，我们也可以从这种流行中看到时代变迁的印迹。

比如，《从 0 到 1：开启商业与未来的秘密》这本书到了中国就被引爆了，因为国内外大环境的不同。中国通过改革开放和工业革命，实现了飞速发展，但是工业浪潮减弱后，缺少新的动力。它传入中国相当于给创业者指出了一个未来方向——从 1 到 N，把成功的东西不停复制，加之恰逢中国“双创”浪潮，契合时代要求。

当然，这里说的注重“时机”不是去追热点，而是追寻长期风口，比如心智思维、营销方法、新颖的学习方法等，经得住时间考验，五年、十年后拿出来依旧是刚需，历久弥新。

4. 虚实篇——标题、文案吸睛

内容有了、势能有了，接下来便是宣传了，也就是进入“出版兵法”虚实篇，利用标题、文案吸引读者。

书名对一本书的重要性不言而喻，好的书名既能精要概括图书的精髓和诉求，也能第一时间引起用户的阅读兴趣。一般取书名有四大原则：

原则一，直接点明读者需求，如《如何控制自己的情绪》；

原则二，高频 / 核心 / 关键词与痛点相结合，如《正能量》《卖什么都是卖体验》；

原则三，品类独占，如《首席谈判官：新生代商业领袖谈判之道》《创始人：新管理者如何度过第一个 90 天》；

原则四，消费动机挖掘，让用户感同身受，产生共鸣，如《好妈妈胜过好老师》《上瘾：让用户养成使用习惯的四大产品逻辑》。

除了书名，图书文案的撰写也是非常重要的，作者可以通过精彩的描述让一本书更“炫丽”，或更权威，或更能引起共鸣。一般图书文案撰写的基本逻辑是这样的：

内容描述——这是本什么书？

特质描述——与同类图书相比，有什么特点？

用户界定——谁来买？

消费动机挖掘——为什么要买这本书？

第三方佐证——谁帮你证明？

以畅销书《岛上书店》文案为例：

第一句，特质描述，“横扫30国的重磅情感大书”；

第二句，第三方佐证，“30国读者含泪推荐”；

第三句，加强第三方佐证，“美国独立书商选书桂冠……席卷《出版人周刊》等各大榜单”；

第四句，再次强调佐证和特质描述，“一年之内，畅销美国、英国等25国！2014感动全世界千万读者的阳光治愈小说”；

第五句，消费动机挖掘，“每个人的生命中，都有无比艰难的那一年，将人生变得美好而辽阔”。

5. 行军篇——大咖背书

营销环节是打造畅销书的重中之重。

那么，如何营销？大咖背书。

《从0到1：开启商业与未来的秘密》这本书在中国的火爆，除去内容和时机外，一个重要因素是国内互联网、创投大咖们的背书。徐小平在微博中推荐后，这本书的销量增至约500本/日，拿到畅销书第一的位置。而它真正成为现象级畅销书是源于一个为期两天的千人规模论坛，邀请到的嘉宾包括周鸿祎、徐小平等人，这样的背书引发了国内媒体的集中报道和传播。

其实，大咖“加盟”就是一种非常有号召力的“信任代理”（信息过剩时代，任何一个人都不可能只依靠自己的力量去甄别一切信息，因此我们需要一个“信任代理”帮助我们甄别信息)，图书通过他们的口碑塑造吸引流量。

因此，我们可以根据二八法则，去说服5%自身图书类别里极有影响力的专家、名人、大V，再搞定15%的专业读者，当我们搞定了这前20%的人后，就会引爆后面70%的人(一般最后都会有10%的人“不买你的账”)。

6. 地形篇——渠道选择

天时地利人和，一本书的“地利”往往在于渠道。

常规的图书销售渠道有实体书店、平台电商两大势力。但是随着社群经济的发展，已经出现了第三方强势力量——社群电商，比如十点读书、罗辑思维、大V书店等，它们已经成了图书销售的重要渠道。

不仅如此，数字出版的崛起也为发行提供了多样化渠道，除了卖书这一传统形式，我们更可以将知识内容以电子书、音频、视频等形式呈现在用户面前，让阅读更为便利和高效。因此，我们不能忽视互联网知识平台的这种“出版”潜力，也许你在某一平台发布的每一篇文章，都会是你今后图书的丰富素材。

需要注意的是，当今时代还要懂得建立自己的闭环系统，自产品、自媒体、自传播、自渠道(譬如抖音、快手、微信公众号)，充分利用当今网络潮流，多开发书、课、其他IP产品。

我时常和身边朋友分享：如果一个人一生都没有出过一本书，又没有做过什么惊天动地的事，或许他的一生将是一个秘密。而通过出版一本属于自己的畅销书，或许就会让人声名鹊起。周鸿祎、柳传志、俞敏洪、冯仑等大咖都开始写书，也许不是每一个知本家都有出版需求，但正所谓“技多不压身”，对出版行业多一份了解，也算是多一个自我宣传的工具和渠道。

03

新媒体精准运用

不管如何，新媒体时代的到来已经不再是秘密，社交媒介逐步蚕食传统媒体的同时，抢走了它们赖以生存的客户。这时，越来越多的创业者开始关注：在这个新媒体时代，如何分得一杯羹？

从媒体 1.0 到媒体 3.0

媒介环境的改变不但改变了世界，也改变了媒介与人的关系，更是改变了运用媒介的人。

随着传媒业的迅猛发展，互联网新媒体等媒介形态迅速兴起，媒体也从 1.0 走到了 3.0：

媒体 1.0，主要以口头传播、骑马送信、飞鸽传书、烽火传播等为传播方式；

媒体 2.0，主要以报纸、杂志、电视为传播方式，也就是传统媒体时代；

媒体 3.0，主要以大数字技术、网络技术为主要技术手段，通过互联网、宽带局域网、无线通信网等渠道，以及电脑、手机等终端传播。

其实，媒体 3.0 也可以理解为我们通常所说的新媒体时代。

新媒体不同于传统的媒体报刊、户外广告、广播、电视节目，被称为第五种媒体。随着移动终端的深度普及，移动互联网逐渐成为信息的第一接收口，而庞大的移动用户量则意味着巨大的潜在营销价值，于是新媒体创造了一波创业风口，很多大V、KOL、“网红”，也纷纷应运而生。

虽然今天它对很多人来说早已“不新鲜”，但是我们不能否认，做营销已然绕不过新媒体，特别是对知本家来说，不管是自身营销还是产品、品牌营销，新媒体已成为主力之一，和传统媒体相比更具优势，如图 5-3 所示。

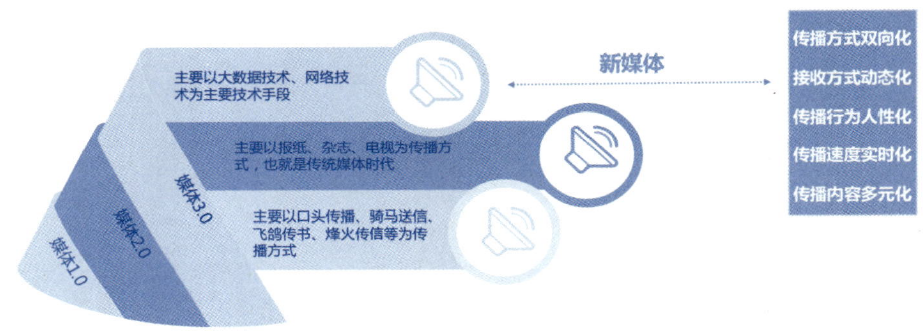

图5-3　新媒体优势

传播方式双向化，每一个受众既是信息的接收者也是信息的传播者。

接收方式动态化，无线移动技术的发展使新媒体具有移动的特点，大家浏览网页、看视频都不再局限于固定场所。

传播行为人性化，每一个人都可以是信息发布者，能够表达自己的观点，传播自己关注的、需要的信息。

传播速度实时化，信息传播更为迅速，能实时接收到相应的信息，并实时做出回应。

传播内容多元化，从传统媒体到新媒体，最大的变化就是传播内容的多元化和融合化，提高了信息量和信息广度。

随着人工智能和物联网的兴起，有人认为媒体开始进入 4.0 时代，其变革是建立在人工智能的基础上的，能够真正实现“媒介是人体延伸，也可以使万物互联”的作用。目前许多知名企业的广告都试图进入这一层次。

当然，媒体4.0时代目前尚未在业界形成统一的认知，但它是一个媒体发展大趋势，而我更愿意把它看成新媒体的“升级版”，能够让新媒体借助物联网的概念延伸到任何领域，随时为有需求的用户提供声音、影像、文字信息服务。

媒体4.0特点拆解

新媒体是个人、企业互联网化需要掌握的基础工具，也是知本家自我发声和品牌传播需要的基本技能。

虽然，不管是微信还是微博，都已经初具规模，且各自占山为王，颇具特色，但是在新的互联网技术冲击下，媒介已然开始呈现出一些新的特点。

1. 智能化

媒介是人体的延伸，也可以令万物互联；人工智能是人体的延伸，物联网是万物互联的具体技术，所以媒体4.0时代是建立在人工智能和物联网基础之上的进一步智能化变革产物。也就是说，物联网、人工智能与移动终端媒介设备能够相互促进、协同进化。

4.0时代的媒体将是一个“移动的媒体”，可以借助物联网技术延伸到任何人们有需要的地方，并依托人工智能技术，加之5G的普及，随时更为快速地为用户提供全方位、立体式的声音、影像、文字等信息服务。

2. 社交化

在互联网新兴文化的导向下，自媒体的商业路径经历了三个阶段的发展：

“媒体＋社交”，构成新媒体时代的基本商业模式蓝本，媒体的本质是为用户提供内容，而用户是构成社交的根基，其代表是微信、微博。

“社交＋服务”，通过第一阶段的运用，媒体形成了自身的社交生态，为用户提供商业服务成为可能，当内容出现细分，服务随之多样化，其代表是各类公众号。

“社交 + 电商”，当用户黏性建立，规模具备，媒体开始商业变现，在社交和服务基础上，一系列的产品和服务交易顺理成章，其代表是蘑菇街等媒体社交化电商及以各类视频媒体为代表的视频电商。

“媒体 + 社交”“社交 + 服务”“社交 + 电商”及后来出现的社交新零售平台如拼多多等，本质上是从自媒体跨向垂直社群，构成了以媒体为底层的社群经济，在内容创造、个人品牌打造的同时，也使社交圈影响力无限放大。社交化在很长一段时间内会是媒体的进化主路径。

3. 闭环化

媒体 4.0 时代，从线上自媒体内容、音频视频课程到线下活动再到支付，已经实现闭环发展，人才、资金自运转，给用户带来实质性的便捷。

媒体 4.0 时代是建立在人工智能、物联网和媒介之间的产物，随着 5G 的普及，将会快速改变我们的生活。

随着互联网的迅猛发展，新媒体成了除传统媒体报纸、广播、电视之外占据中国媒体舞台的新兴力量，也是知本家必然要掌握的一个媒介工具。

商战实用认知术

认知的进化就是工具的进化，想要拥有更好的学习力和处理相关事务的能力，使用思维工具是必不可少的，这些工具可以让头脑中拥有更多清晰、准确、有用的概念，并进行认知升级。利用思维工具，构建认知、引导认知和扩散认知，这就是认知术的全部，如图 5-4 所示。

图5-4　认知术

“可怕”的认知术

著名社会学家马克斯·韦伯曾表示：人的本质是什么？人是悬挂在自己编织的意义之网上的动物。

所以，商业除了最基本的衣食住行之外，其实都在创造意义、价值。而我们也会发现，在产品过剩的时代，我们每天都在为自己的认知买单，而不是在为自己的真实需求或基本需求买单。今天的市场也正是这样繁荣起来的：没有需求我们就用价值编织一个，没有市场我们就用认知开拓一个。因此学会认知术会是当今创业者和企业家的使命，也是我们的“宿命”。

以前的钻石就是钻石，但是一旦与爱情挂钩，就摇身一变成了爱情信物，“钻石恒久远，一颗永流传”，钻石就成了刚需，是无价的，不买便是不爱，买得越贵表示爱得越深；飘柔是柔顺、潘婷是营养、海飞丝是去屑等，实际上它们的成分大部分是一样的，而宝洁却凭借着这样的一个认知系统，构建出了自身的品牌体系，最终成就了伟大的商业帝国。

商业的终极秘密——认知术，创业者、企业家自身对市场深入认知、预判，并创造出一种“概念”植入用户的心智。因为你认为你是谁根本不重要，他人对你的认知才是真相。

在这个产品同质化、竞争激烈、计划赶不上变化的时代，“已经产生的问题”基本解决，“再产生什么样的新问题”才是关键。修炼认知术，提升自己的认知，并在用户的认知当中像一颗钉子一样扎进去，挤出自己的生存空间，在用户的心智里植入自己创造的“概念”，已经变成商人和企业家需要具备的基本素质。

然而，问题来了，我们的大脑是有“带宽”的，更因为移动互联网以及未来物联网的发展，大脑里充满了大量的知识和信息，已经非常拥挤，乃至人们变得越来越不耐烦，此时，如果能有一些思维工具来帮我们的头脑打包处理信息，拓宽我们的认知，那我们在生活和商业中会越来越从容。

那么，什么是思维工具呢？

思维工具即那些能有效影响思维抽象活动、提高思维效能、延伸思维深度，能把抽象思维过程具体可视化的一类方法技能总称，比如思维导图。它能给我们带来两大好处。

大幅减少无效信息和无效沟通，提升效率；

俯瞰全局，整体把握。

思维工具打磨认知术

很多时候，我们大脑里的都是主观的认识，而纯粹主观的认识很难展开推进，必须借助思维工具将主观的认识进行“客观化”处理，使之变成一个直观、简洁的思维过程。

大多数投资人的投资技巧是做成投资清单然后执行，而这个投资清单就是一种思维工具，能够非常清晰直观地呈现出一个没有增量、只有存量的存在，以便实时检测、调整、执行投资行为。

而对于我们来说，懂得借助思维工具，学会站在巨人的肩膀之上，借鉴前辈们的智慧经验，来构建认知、引导认知和扩散认知也非常重要，这样可以全方位地修炼我们的认知术，一些知名思维工具如下。

1. 空・雨・伞

空・雨・伞是我们常用的决策模式，也是麦肯锡公司人人都会且人人都需要会的一种思维工具，意如其名，“抬头看天，像要下雨，所以带把伞”。而这里的“抬头看天”，意指看清自己所处的环境，由此分析得出“像要下雨”，提醒自己“带把伞”，其视觉从外向内，从大到小。

简单来说：

空——把握事实和现状；

雨——分析、解释、预判；

伞——提出行动、解决方案。

2. 矩阵分析法

矩阵分析法是指画出横轴竖轴，将思考因素排列其中，在此基础上进行分析。

例如，PPM（产品结构组合）分析，以横轴表示市场占有率，以纵轴表示成长率，分为四个象限，用来管理产品的生命周期。

当我们遇到很棘手的问题，存在较多变量时，矩阵分析法便非常好用，我们可以将实际运营中常见的关键词，比如满意度、活跃度、问题点、营业额、占有率等，列入数轴之中，分析其中的因果关系。最为常见和有效的矩阵分析法是 SWOT 分析法，如图 5-5 所示。

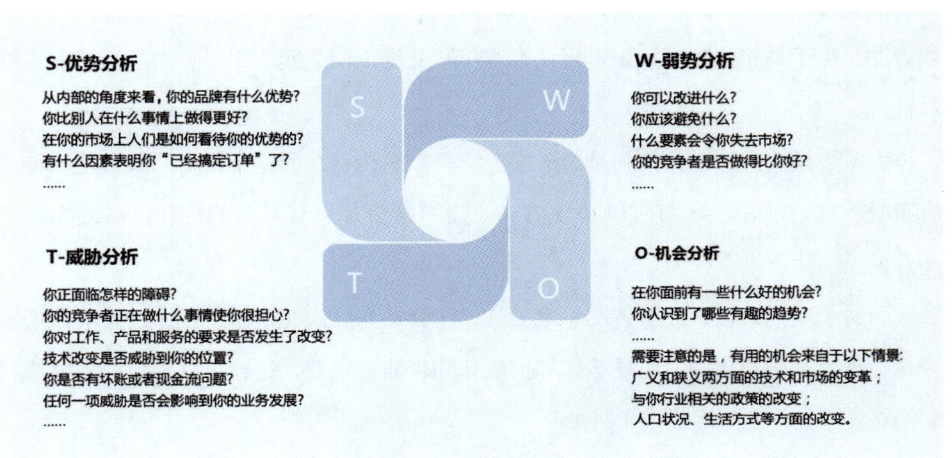

图5-5　SWOT分析法

3.AIDMA 法则

AIDMA 法则可以用来说明消费者购买某一商品的背后逻辑。

具体说来，也就是：

A（Attention，让消费者知道这一商品的存在）——认知阶段；

I（Interest，产生兴趣）
D（Desire，培养欲望）
M（Memory，形成记忆）
} ——情感阶段；

A（Action，实际购买）——行动阶段。

4.“六顶帽子法”水平思考

特意变换视点（变换所戴的帽子）进行判断，找出不同点。

六顶帽子的颜色和释义，依次是：

红——直觉视点，即根据直觉判断；

蓝——思考视点，即根据理性思考来判断；

白——中立视点，即根据客观资料和数据判断；

绿——创造视点，即创造性思维；

黄——乐观视点，即正向思维；

黑——批判视点，即批判性思维。

5.PDCA 循环

PDCA 循环（见图 5-6）是质量管理的基本方法，要求做出计划、执行计划、检查实施效果，然后将成功的纳入标准，不成功的留待下一循环去解决。

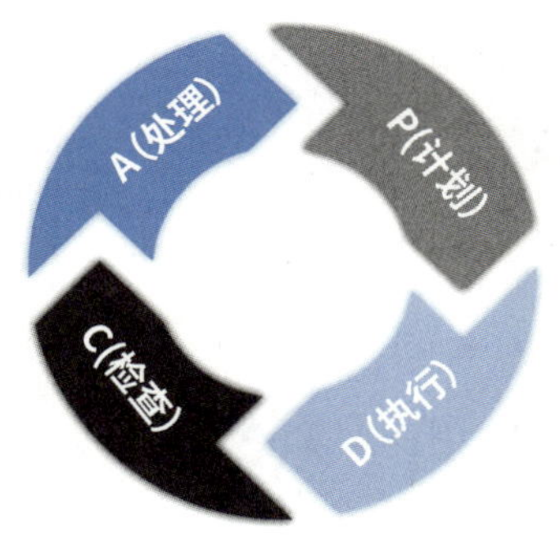

图5-6　PDCA循环

P（Plan）——计划，包括方针和目标的确定，以及活动规划的制订。

D（Do）——执行，根据已知的信息，设计具体的方法、方案和计划布局，再根据设计和布局，进行具体运作，实现计划中的内容。

C（Check）——检查，总结执行计划的结果，分清哪些对了，哪些错了，明确效果，找出问题。

A（Act）——处理，对检查的结果进行处理，对成功的经验加以肯定，并予以标准化；对于失败的教训也要总结，引起重视；对于没有解决的问题，应提交给下一个 PDCA 循环去解决。

以上四个过程不是运行一次就结束，而是周而复始运行，一个循环完了，解决一些问题，未解决的问题进入下一个循环，阶梯式上升。

6. 思维导图

思维导图也叫心智图，是一种用来表示思路、任务或其他围绕一个中央关键词或想法的项目内容的示意图。思维导图鼓励用头脑风暴的方法来规划和组织任务。

目前受欢迎的思维导图工具是 MindManager，它可以让你在一个单一的视图中组织你的想法，添加图像、视频、超链接和附件都非常简单。

最后，提醒大家一点，工具好用，但绝不能当工具的奴隶。随着时间的推移，市场会不断变化，工具使用的领域也会发生变化，很可能现在很流行的工具过了不久便会无法适应新的情况。正确的做法是在工具过时之前，基于我们的元认知能力[1]，随着外界的变化不断发现、升级出新的工具来应对新环境。

[1] 元认知能力：实质是对认知的认知，是个体对自己的认知加工过程的自我觉察、自我反省、自我评价与自我调节，它包括元认知知识、元认知体验和元认知监控三个部分。

第六章

知本转化

——变智产为资产

知识是什么？知识就是我们首要的财富。

——现代管理大师　彼得·德鲁克

在新经济时代，生产力的内涵有了新的扩展与诠释，社会生产力的提高不再仅仅依靠技术的运用，知识已经成为提高生产力的重要成员。当知识直接成为资本和财富后，知本家就成了资本与财富的不竭源泉，通过对知本的转化，知本家也就拥有了与知识经济画等号的新经济赖以生存与发展的根本。

知本方：

进行知识生产，研究和创新知识；

进行知识流通传播，并将知识转化为知识产品；

打造知识集群，知识大范围应用形成用户群体，规模化，逐步打造“知识型产业”。

01

知本路演，知本变资源

乔布斯、马云等人，站在每一个时代机遇的风口浪尖，通过路演输送着个人、行业能量，传递着自身对世界的看法，他们因个人的魅力而被人们关注、追随。

路演能力一方面正在成为我们的个人、企业资源，另一方面正在帮助我们实现知本变现。

认识路演的魅力

2014 年，阿里巴巴全球路演正式在纽约拉开帷幕，马云说：“15 年前，我来美国想要 200 万美元，但被 30 家 VC（风险投资）拒绝了；今天我又来了，就是想多要点钱回去。”

当年，马云怀揣梦想遍访美国东西海岸，但年轻的阿里巴巴没有得到一位投资人的青睐。时隔 15 年阿里巴巴卷土重来。那一年，阿里巴巴在美国 IPO（首次公开募股）融资额超 200 亿美元。

这就是路演的魅力，它打开了投资人了解你及你的项目最重要和最直接的一扇窗户，是国内外众多创业者、企业家实现融资的高速公路。路演实现了创业项目与投资人零距离对话、平等交流、专业切磋，最终推动融资的进程。

“路演”一词最早来自美国，也就是在马路边进行演示活动。它是早期华尔街股票经纪人在马路上兜售自己手中债券的一种交易方式，后来这种方式进入交易大厅，形成了我们都知道的 IPO 之前的路演。

随着多层次资本市场的形成与互联网自媒体时代的到来，路演的作用不断显现，人们对路演有了新的认识，它也成了企业、产品、品牌、个人魅力等展示远景的“放大镜”和演绎方式。路演需具备四个新条件。

聚焦——给谁看？要什么结果？核心竞争力是什么？

工具——影视工具、幻灯片工具、文化展示……

性感——投资安全、投资体验、投资回报。

精神——承担责任、分享价值、超越自我。

可惜很多创业者、企业家要么不懂得或不重视路演，要么展现得不得法，不是让投资者觉得夸夸其谈，就是让投资者看不到“希望”。没有好的展示，再好的创意、项目也会面临着“流产”的风险。当然，你也不要期望一场路演就能说服所有人，每一场路演，到最后，看的往往不是核心竞争力、资本实力，而是毅力、决心、信心，也就是心力是否强大，看谁更有技巧最终能说服别人。路演早已不是一场活动那么简单，它是由外而内的系统展示。

而对知本家来说，知识体系可以路演，技术优势可以路演，原创内容可以路演……路演的魅力不仅仅在于融资，更在于它可以将我们的知本便捷地转化为各种商业资源。因此我们必须认识到路演的重要性，同时应该对路演有认知和操作升级。

知本家路演系统

因为知本的丰富性和多元化，与一般的路演相比，知本家的路演往往具有更宽泛的定义，你可以简单将其理解为对自身及自身知识系统、技能优势、商业模式等的一次乃至一系列的展示，目的是更好地对接各种资源，让知本被更多的资本方、用户所认知。

知本家路演系统可以围绕平台、舞台、讲台三个空间维度进行资源转化（见图 6-1）。

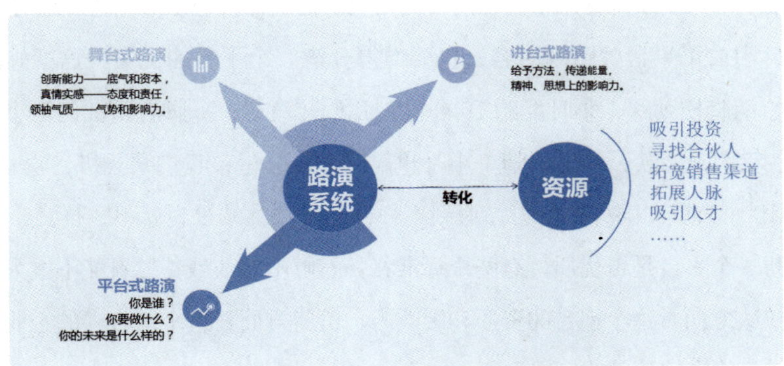

图6-1　知本家路演系统的三个空间维度

1. 平台——建立关系，创造价值

平台式路演，就是借助某一个平台，进行集中式的融资、产品推介、项目介绍等活动，一般来说都有着严格的时间限制。

那么，在有限的时间内我们能够路演什么呢？很多时候时间不够，无法系统地介绍公司、团队、项目、企业文化等内容，甚至就项目本身的介绍也不可能面面俱到。

其实，平台式路演关键的出发点和触发点是你要能够从你的企业或项目中提取出投资人，或经销商，或合伙人，或用户最想看到的、最愿意听到的，同时最能够阐述你企业或项目价值的内容。而现代管理学之父德鲁克认为的企业要思考的三个问题，可以作为我们的参考方向。

第一个问题，我们的企业是什么？

第二个问题，我们的企业将是什么？

第三个问题，我们的企业应该是什么？

即你需要回答以下三个问题。

你是谁?

你要做什么?

你的未来是什么样的?

而这三个问题一般也是台下听众关心的核心问题，当你阐述清楚时，你也已经向他们简单明了而又系统地介绍了自己的项目情况。而这往往也是最快速、最有效的。

当然，明白了平台式路演内容，也要懂得分辨一个平台的优劣。这就好比我们骑自行车，两脚使劲踩 1 小时能跑 10 公里；我们开汽车，一脚轻踏油门 1 小时能跑 100 公里；我们坐高铁，闭上眼睛 1 小时也能跑 300 公里；我们乘飞机，吃着美味 1 小时能飞 1000 公里。同样的努力，遇到不一样的平台，结果也就不一样。

而判断一个平台是否优质，有两个标准：一看够不够权威，二看能不能为自己创造价值。权威方面看这个平台的资质和影响力，价值方面看这个平台内的企业关系和它能给你带来的直接效益或发展空间是什么。

2. 舞台——创新能力，放大价值

因为时间、场地的限制，在平台式路演中，大家对你的了解往往只是一个“面”，当你成功吸引到他们的时候，他们必然想要实际深入地去了解你，而这种深入考察往往涉及你企业或项目的方方面面，时间和空间上往往也更为多变。

此时，你需要将自己企业或项目整体演变成一个“舞台”，把公司的空间布置、工作氛围、企业文化乃至个人魅力、影响力、号召力等方面用系统的力量完整有效地放大，让每一个到访者能够如观看一台“舞台剧”那般“欣赏”你的企业或项目，领略到其中的魅力与潜力。这便是舞台式路演。

所以，我将平台式路演称为“走出去”的客场作战，舞台式路演则是“请进来”的主场作战。与客场作战相比，主场作战时我们能够掌握更多的主动权，一般来说我们可以从创新能力、真情实感和领袖气质三方面来打造舞台式路演。

创新能力——底气和资本，做投资、做项目的人都是具有一定眼界和见识的，能够真正打动他们的往往不是公司表面呈现出来的豪华装修或众多的办公人员或几百甚至几千平方米的生产场地……他们欣赏和钦佩的是在你这里见识到了在别处没有见识

过的东西，你做到了他们做不到或没想到的事情。

真情实感——态度和责任，在包装过度的时代，人们早练就了一双火眼金睛，瞬间就能洞穿那些“夸夸其谈”的人与华而不实的项目。守住自己的本分，踏实务实，真情流露，才能让他们看到一个企业家该有的态度和责任，才能给你的企业加分。

领袖气质——气势和影响力，你必须拿出一个行业的领袖气质，用案例、业绩、个人魅力等来彰显企业或项目自身的影响力，这样才能获得认同和赞许。

3. 讲台——给予方法，传递能量

一般来说，初创型企业找平台，成长型或已经有了自己体量的企业打造舞台，但是不管是初创型企业还是成长型企业，一旦有了自己的思想体系，就应该登上讲台，给出方法，传递能量。

讲台式路演是极具传播力和影响力的路演方式，我也一直认为它是最高形式的“精神路演”，它能够形成巨大吸引力。

因此，讲台式路演与平台式路演、舞台式路演不一样，它更看中的是一种精神、思想上的影响力，并不是说你的企业大，或者你的资本雄厚就可以登上讲台了，如果没有形成自己的思想体系，大家佩服的只是你的体量和生产能力，不会吸收到你的精神和思想。

所以，想要登上讲台，首先要提炼出自己的思想，并形成体系，用思想去感动人、鼓舞人，传递出你的精神能量，并给予正确的方法，这样才能形成跟随效应，甚至搭建自己的平台去帮助更多的人。

路演不是单纯的一个幻灯片、一部影片或一场活动，而是一整套可以持续呈现企业价值的系统。我们可以根据自身的需求选取相应的空间维度进行路演活动。找到平台、搭建舞台、登上讲台，是知本家路演常见的三种形式，它们既相互独立又相辅相成，我们必须明白其各自的特点，做到有的放矢，又要领悟其中的联系，做到延展有序、锦上添花。无论是彰显一种精神，还是推荐一个项目，抑或销售一款产品，都要为路演设计预期结果，不以成交为目的的路演都是表演。

02

知本创业，知本变资本

知识和智力资源作为无形资产，已经成为生产的一大要素，身为知本家，我们必须发挥出自身的知本优势，具备知本思维，成功运作知本。

知本思维创业

德鲁克在研究整个管理学近百年的历史时，曾对之前知识所起到的作用，做过三个阶段的划分：

当知识运用于生产工具时，称之为工业革命；

当知识运用于工作之中时，称之为生产力革命；

当知识运用于管理之中时，称之为管理革命。

而这三次革命带来的结果是什么？是人类将知识运用于生产之后，人类在一个世纪内所创造的财富比之前几个世纪所创造的财富总和还要多。知识让人类的劳动生产效率大大提高。

德鲁克之后，人类经济又在互联网的催化下发展了十几年，已经进入了知识经济时代，资本的趋利性和增值性，会促使它依次流入最有效率的国家、地区，最有效率的产业、企业，最有效率的项目、个人。因此，我认为，我们已经迎来了知识作用的第四个阶段：

知识本身就是一种生产要素，当知识自己是生产要素时，它就会使资本和劳动力居于次要的位置，因此它是知识革命。

知识作用的四个阶段如图 6-2 所示。

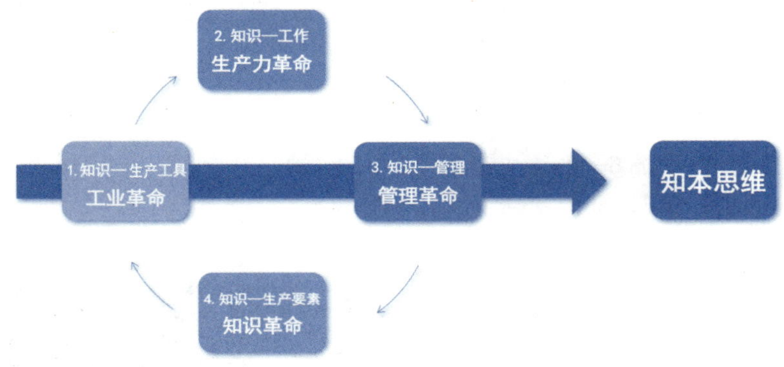

图6-2 知识作用的四个阶段

那么，什么是知本思维？

知本思维就是将知本变成资本，取得对资源的“支配权”，通过对资源的支配，带来更多的支配权，形成“知本运作”。简单来理解就是在市场经济的基础上增加一个“知识杠杆”，让商业的活动空间和灵活性大大增加。

例如，传统思维做企业，一般自己先准备好一笔启动资金，用于成立企业、招募人才、购买设备、研发产品，当产品出来之后再寻找销售渠道，砸钱做广告，努力卖给用户，不断拓宽市场销路。但是在一个号召“双创”的时代，传统思维难以跟上体验化的高感知时代，你有好的想法和创意，往往也就拥有了撬动资本市场的杠杆，就有可能先拿到融资，然后成功创业。可以说，知本思维改变了我们的商业逻辑。

资源和资本都有趋利性和增值性，我们进行知本运作，可以形成吸引资源和资本的黑洞效应，在吸引它们的同时，资源优化产生新的资本，并且不断产生新的机会，如此一边循环一边“膨胀”，在市场中你便拥有了更多的话语权和支配权。

知本创业路径

随着“双创”深入中国创业圈，中国的创业风口已经发生了一些变化：既有移动互联网风口日渐式微，大批 O2O 企业倒闭、资本“寒冬”、网约车新政等，又有以 papi 酱为代表的“网红”创业、内容创业、IP 创业，再到红红火火的移动视频直播……随着社会变革日益加剧，具备了知本思维的知本家，在创业时又将迸发出哪些新的“热点”？

对此，我认为知本家创业有五大路径：精益创业、设计思考、第一性原理、智能科技、社会创业（见图 6-3）。

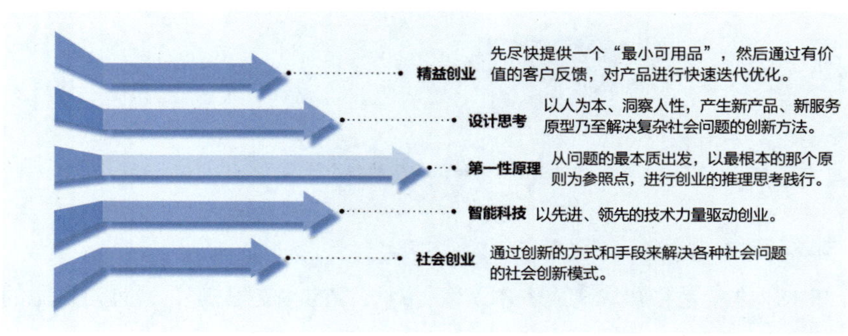

图6-3　知本家创业五大路径

1. 精益创业

精益创业是由硅谷创业家埃里克·莱斯于 2012 年在其著作《精益创业》中提出的一种非常实用的创业基本方法，流行于硅谷，并日益在全球产生影响。史蒂夫·布兰克曾在《哈佛商业评论》预言：精益创业将改变一切。

那么，什么是精益创业？

传统创业思维一般都有一个基本假设“框架”：市场环境是确定的，未来是可以预知的，用户需求基本确定，解决方案也非常明确。但是现实往往并非如此，我们所处的商业环境瞬息万变，不确定性和风险日益提高早已是常态。而精益创业的核心思想就在于先尽快提供一个“最小可用品”，然后通过有价值的客户反馈，对产品进行快速迭代优化，以便更好适应市场。精益创业具有三大优点：

快速。精益创业模式下，所有的创新行为和想法都必须在最短时间呈现出来，抛弃一切暂时不需要的其他功能，只把极简的核心功能展示给用户，不管成功或失败都能够以最快的速度知道结果。

低成本。精益创业采用“频繁验证并修改”的策略，以确保在用户未认可之前不投入过高的成本，不会过度浪费人力、物力和时间。

高成功率。精益创业从“最小可用品”出发，过程中每一次迭代都可以寻找到用户进行体验，寻找到产品的不足和用户希望增加和修改的功能特点。可以说整个产品的开发过程持续遵循用户意见，创业者持续“测试—调整”，产品快速迭代，创新的成功率能够大大提升。

整体而言，精益创业的切入口是“最小可用品”，考验的是创业者的创新能力，同时需要创业者经常对用户进行验证，因此适合那些用户验证成本不高、用户需求变化快、开发难度不高的领域，比如软件、电影、金融服务等。

2. 设计思考

设计思考（见图6-4）是一个起源于硅谷和斯坦福大学的创新创业方法论。2004年，斯坦福大学甚至专门成立了D.School（斯坦福大学哈索普莱特纳设计学院），且面向全校学生开展以设计思考为核心方法论的创新创业教育。

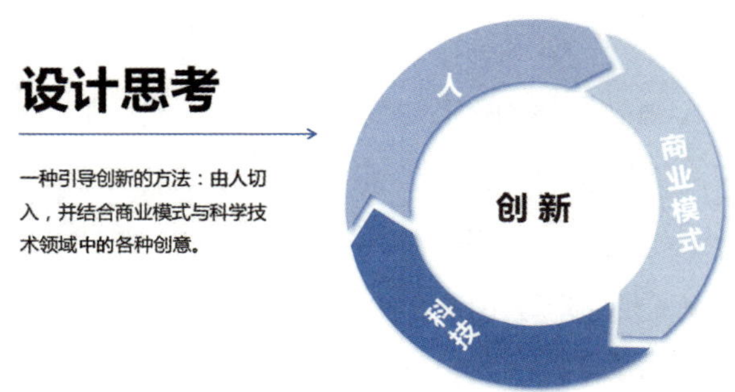

图6-4 设计思考

其实设计思考更确切地来说是一种商业设计理念，是一种以人为本的、结合人们渴求、技术可能性和商业可行性的“设计工具箱”。

设计思考与传统的产品设计思路“发现痛点需求—头脑风暴—塑造原型—测试”不同，它所关注的重点已经不再是产品“使用”本身，而是通过理解用户内在的心智模型、用户环境以及观察心智模型和所处环境双重作用下的使用行为，去设计一个能够真正融入用户生活并被其依赖的产品，也就是说，设计思考是一种颠覆传统，打造能产生极致体验的新产品、新服务原型乃至解决复杂社会问题的创新方法（与这几年在国内非常火热的“用户思维”非常类似）。

总结起来，设计思考有六个要点：

真正理解用户的想法；

从其他领域获得灵感；

相比用户研究，用户的真实行为更关键；

不要等待反馈，提前把想法说出来，如果是错误的，就能提早得到反馈；

积极面对负面评价；

永远不要停止更新服务。

3. 第一性原理

第一性原理是一个来自物理学和哲学的概念，最早提出这一概念的古希腊哲学家亚里士多德这样描述它：在每一系统的探索中都存在第一性原理，这是一个最基本的命题或假设，不能被省略或删除，也不能被违反。因此，第一性原理强调从问题的本质出发，不管做什么选择，都是以最根本的那个原则为参照点，进行推理思考。

“硅谷钢铁侠”、SpaceX（太空探索技术公司）创始人和特斯拉电动车 CEO（首席执行官）埃隆·马斯克将这一原理在商业中发扬光大，在完全没有火箭设计方案的时候就创办 SpaceX，使之成为硅谷创投圈几乎人尽皆知的概念。

在某种意义上，第一性原理是用物理学的视角来看待创业的一种方式，让你一层层剥开事物的表面，直面最核心的问题，然后由此出发进行推演。

很多人知道电动车的电池组很昂贵，如何才能得到更为便宜的电池？

有些人可能会沮丧地说："电池组很昂贵，将来也一定会如此，估计以后也不会更便宜了。"

但是运用第一性原理来思考，你就会问："电池组的组件主要包括什么？"然后将其分解到材料层面，知道电池就是由钴、镍、铝、碳和一些聚合物以及密封装置组成的。知道了材料，你又会问："如果我们在市场买这些金属，它们的价格分别是多少？"

到了这里，你就清楚，只需通过聪明的方式去找到这些材料并将它们组装起来，就能得到更为便宜的电池组。

曾有人说，运用第一性原理进行思考，是形成出色而实用的心智模式的一种较好的路径。换句话说，洞察一个情境的根本事实，可以帮助你形成解决问题的独特思路，而不再亦步亦趋，像世界上其他人一样行事。

4. 智能科技

随着移动互联网、O2O 等创业风口日渐式微，中国迎来了智能科技创业的热潮，中国式创新也从效率创新、商业模式创新转向科技创新。以 AR/VR（增强现实/虚拟现实）、人工智能、机器人、基因技术、航空航天、光子芯片、新材料等为代表的高精尖智能科技，正在掀起一波又一波的热潮，这些智能科技是对人类经济社会产生深远而广泛影响的革命性技术，也是推动世界进步的动力和源泉。

但是区别于移动互联网、软件、App 开发等以商业模式和服务创新为主的创业模式，智能科技创业需要长期研发投入、持续积累，具有很高的技术门槛和技术壁垒，难以被复制和模仿。也正基于此，智能科技将是很多具备技术、学识的科学家走向知本家的便捷之路。

5. 社会创业

地沟油问题光是靠政府执法部门围追堵截地沟油黑心工厂或者油贩子是不行的，成本非常高，而且反弹很大，只有用可持续的商业模式从经济利益角度来推动，才能彻底解决问题。于是，从荷兰归国创业的道兰环能的创始人刘疏桐把地沟油做成生物燃料，既节能减排，还能阻断其回流餐桌。他在做的事情，就是典型的社会创业。

社会创业也称公益创业，是20世纪90年代在全球范围内兴起的一种创业形式，其不以商业盈利为主要目的，而是通过创新的方式和手段来解决各种社会问题、改善社会公共福利，被认为是一种解决社会问题的创新模式，除了具有一般商业创业的特征外，关键特征在于"社会性"方面：

以"解决社会问题"为导向，社会问题是社会创业的前提和土壤。

具有显著的社会目的性和使命驱动性，与使命相关的社会价值的多少（而不是利润）是衡量一个社会创业者是否成功的主要标准。

核心资本具有"社会性"，与一般商业创业的资本不同，社会创业中社会关系、合作伙伴网络、志愿者、社会支持、政策（政府）支持等是核心资本。

在欧美等发达国家，社会创业已经发展得如火如荼，我国这几年相关理论与实践才刚刚起步，但是它已经被越来越多的创业者重视，这几年非常火的智慧医疗和居家养老便是典型代表。

精益创业、设计思考、第一性原理将会成为很多创业者日益重视的创新创业方法论，而智能科技、社会创业，则会是具备技术能力和大情怀的知本家重点关注的创业领域。

知本对任何人来说都将越来越重要，而知本创业也将是未来趋势。

03

知本产业化，财富快速升级

20 世纪 80 年代，美国十大富豪来自钢铁、汽车、轮船、石油等行业。

到了 20 世纪 90 年代，富豪阵地则转移到了以比尔 · 盖茨的微软公司为代表的高知识、高科技企业，出现了一批知识富翁、知识英雄。

中国也经历了类似的发展规律，而他们创造财富的做法也相当统一 ——知本产业化。

知本产业化是知识经济的根本着眼点

过去，知识作用于商业时，只是以物化的形式出现，如音乐磁带、激光唱片等；后来知识逐渐商品化，出现文化知识消费、旅游服务、购物指南等；现在知识已经进入产业化发展阶段，出现了一系列知识产业，如教育、信息技术、科研、设计、咨询、策划等产业。

不可否认，知识已经直接参与到商业的生产过程中，并日益成为重要的生产要素，曾经知识、经济双向生长、交叉的模式，逐渐演变为知识与经济互相融合、不分彼此的统一发展模式，随着二者复合关系的发展，逐渐形成了知识与经济的同一关系，即知识就是经济，经济就是知识，而其“结晶”便是知本产业化，如图 6-5 所示。

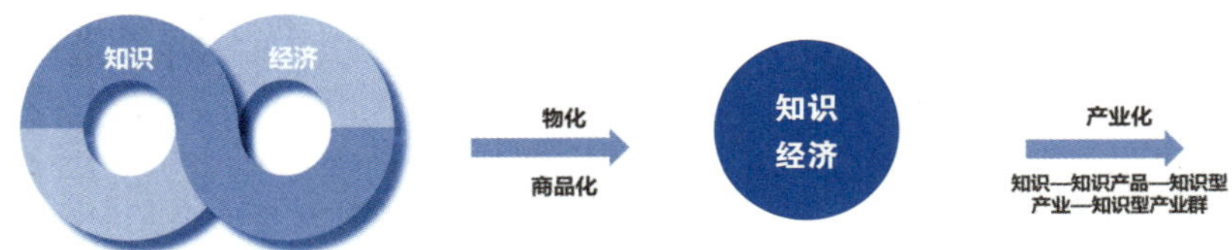

图6-5 知本产业化

那么，什么是知本产业化?

知本产业化就是将知识、技术通过生产、流通、转化、应用，不断形成产业的动态过程，大体可以分解为三个环节：

知识生产，研究和创造新知识；

知识流通传播，将知识转化为知识产品；

知识集群，知识大范围应用，出现用户群体，并形成规模化，逐步成为知识型产业。

实际上，知本产业化的过程就是“知识—知识产品—知识型产业—知识型产业群”的过程。

比如，科研领域有了一个新技术，并把这个新技术运用到计算机软件或硬件上，那么运用了这种新技术的软件或硬件就是知识产品，由此产生了专业生产这种新型软件或硬件的企业，以这种企业为基础的产业就是知识型产业，这种知识型产业达到一定的规模，便形成了知识型产业群。

知识经济的根本着眼点就是知识的产业化，不形成产业而大讲发展知识经济是没有多大价值的。因为基础研究的丰硕成果及不同领域的科学技术知识和管理知识必须依附于产业，才能产生巨大的经济效益和社会效益，这种投入产出的转化关系，就是知识的产业化。

目前，知本产业化突出表现在教育产业、信息产业、设计业、策划业等一系列知识型产业群的兴起上。

知本产业化的六大任务

知本产业化不仅指知识因素以越来越多的种类和越来越高的程度参与并融入企业活动的过程，而且指这种参与融入的结果。

那么，如何进行知本产业化？知本产业化的六大任务，如图 6-6 所示。

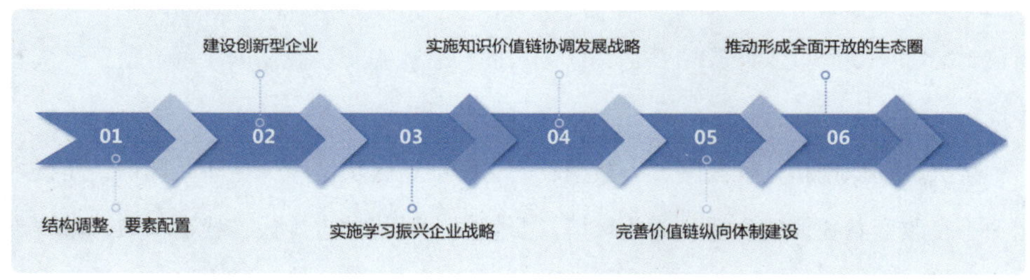

图6-6　知本产业化的六大任务

1. 结构调整、要素配置

“供给侧结构性改革”，是近两年经济发展中常提到的一个热词。

那么，什么是供给侧结构性改革？它对我们有什么启示呢？

供给侧结构性改革就是从提高供给质量出发，用改革的办法推进结构调整，矫正要素配置扭曲，扩大有效供给，提高供给结构对需求变化的适应性和灵活性，提高全要素生产率，更好满足广大人民群众的需要，促进经济社会持续健康发展。提炼出来就是“结构调整—要素配置—有效供给—满足需求”。

同时，经过四十多年的改革发展，我国企业发展环境也发生了变化，过去，企业的发展不过是低成本的扩张，但是今天，这个模式已然不可取，企业发展低成本扩张模式也变成了资源扩张模式，它考验的是一个企业整合资源的能力。

我们必然要用全新的视角来看待我们的商业系统，以知本的角度来审视目前的商业系统建设，因为知本要素的贡献价值较大，以它为杠杆能够很好地撬动、整合其他的生产要素，获得相应的发展资源。我们可以借助知本创业路径方法，进行结构调整，创新商业模式。

2. 建设创新型企业

如今，世界正处于一个高速发展的时代，从过去的科技支持改变，到现在的科技推动改变，无处不透露出一个“新”字。而企业想要在波涛汹涌的商海中立足并长效发展，成为创新型企业是关键。

首先，观念创新，特别是公司高层人员的观念直接制约和影响着一个部门乃至一个企业的生存和发展。因此观念创新，在于公司高层人员自觉带头破除因循守旧、故步自封的陈旧观念，以开放的姿态去认识、接触超前的发展观和创新观，跟上时代的步伐。

其次，知识创新，物联网、大数据、人工智能、区块链……这些新知识、新技术无一不在改变着我们的生活和商业环境，要想跟上时代前进步伐，找准风口，就要不断实现知识创新。

3. 实施学习振兴企业战略

企业在形成知本优势的过程中，主要就是进行知识的转移和创新。另外，独特的、有价值的知识技术能力及知识化的人力资源会是企业创新优势的直接来源，其力量之源是知识工作者的知识体系，不管如何超前、先进的技术，其载体和执行者依旧是人。所以企业组织的学习能力便成了企业创新优势形成的前提条件。而这种学习能力可以被看作一个企业促进知识创新后的收获，体现在打造优秀的产品、服务和体系过程中。

在不断变化的商业环境中，一个企业是否能够主动学习将决定它的命运，企业的学习能力强也会是它保持创新优势的秘诀。

4. 实施知识价值链协调发展战略

知识价值链的畅通是企业形成知本优势的基础和关键。

哈佛大学商学院著名教授迈克尔·波特教授认为：企业每项生产经营活动都是其创造价值的经济活动，企业中所有互不相同但又相互关联的生产经营活动，构成了创造价值的一个动态过程，即价值链。一个组织中，知识的流动和更新也存在这样一条价值链。

在知识价值链中，存在基本活动和辅助活动：

基本活动，知识采集和加工、知识存储和积累、知识传播和共享、知识使用和创新等。

辅助活动，基础设施建设、组织建设、企业文化建设、人力资源（尤其是知识工作者）管理等。

当然对于一些企业来说，基本活动与辅助活动权重可能不一样，但不管是基本活动还是辅助活动，二者之间都是相辅相成的，共同维持着整个知识价值链的畅通，我们必须做到“两手抓，两手都要硬”。

5. 完善价值链纵向体制建设

企业的纵向联系也就是企业知识价值链与供应商、用户等之间的联系。

我们可以从供应商那里获得产品或服务的市场信息，从销售渠道得知产品流通情况，从用户那里感知需求变化……通过对这些知识和信息的分析、提炼，企业便能够形成自身拥有的独特的、有价值的知识。因此纵向联系的每一方以及各方之间的联系都能够为我们增强企业的知识优势提供机会。

然而，如何更好地“笼络”这些复杂、多元的人群呢？这里提供“五句真言”供大家参考：

制度建设，统一管理；

起草制度，归口负责；

集体讨论，集思广益；

广泛宣传，上下认同；

与时俱进，持续改善。

6. 推动形成全面开放的生态圈

这一点，我在前文已做了详细论述，在此不再赘述。

当一个时代的经济依靠知本运作来运转时，我们便步入了知识经济时代，我相信，新一波的造富传奇会来自知本家的知本商业转化。

第七章

知本运营

——你就是用户的上帝

知识有重量，但成就有光泽。有人感觉到知识的力量，但更多的人只看到成就的光泽。

——切斯特菲尔德

传统的经济活动遵循这样的流程：产品运营—资产运营—资本运营—知识运营。而知识经济时代，则是以知本运营带动资本运营，其流程是：知本运营—资本运营—资产运营—产品运营。知识经济时代促使知识成为生产力要素的“整合器”及市场的“催化剂”，从而给企业带来经济、社会效益，给运营者带来新的商业内核和运营方式。

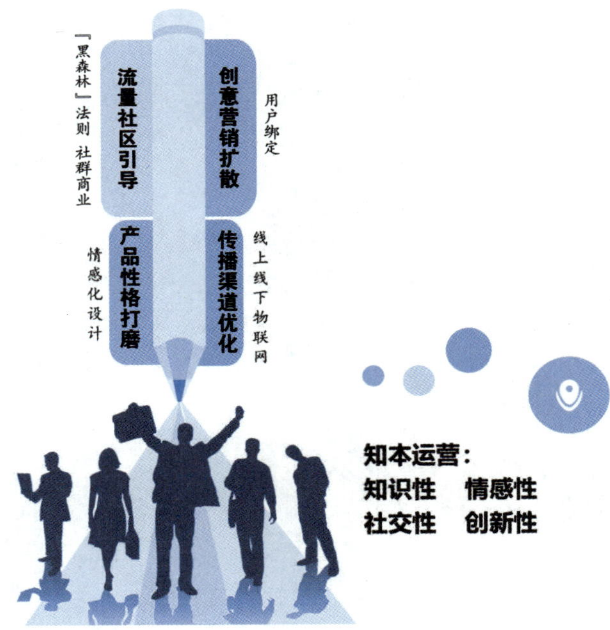

01

功能是必需，情感是强需

20 年前，用户关注的是产品的性能和功能，凭理性选择；20 年后，用户开始关注产品的“精神”和故事，凭感性选择。因此这个时代，并不是产品做得好就能卖得好，而是用户“喜欢”了产品才能卖得好。

产品新公式：“产品 = 功能 + 情感”，情感 > 功能

优衣库是一家卖基本款服装的公司，一切普普通通，没有太强的时尚感，也并没有走在新零售的最前沿，但是为什么它能够让创始人柳井正成为富豪？优衣库卖给我们的是什么？

不同于其他服装品牌，优衣库在服装里注入了“科技”：20 多年前优衣库与面料生产商东丽一起开发摇粒绒面料，将原本用于登山的衣服做成时尚的休闲服，于 1998 年日本秋冬季大卖；在 2007 年、2008 年，优衣库推出了名为“HEATTECH”（热科技）的保暖内衣，具有非常好的保暖性且非常轻薄，是科技与时尚结合的高技术服装，也引发了一场热卖。

然而，仅仅如此，还不足以促使优衣库长久成功。

柳井正表示：衣服是服装的零件。优衣库的理念是衣服是配角，穿衣服的人才是主角，其他服饰品牌都在试图营造一种氛围，而优衣库却像制造零件一样制作衣服，由消费者自己搭配组成整体服装风格，只为让消费者感受到自由、舒适。优衣库用多年的时间践行着自己的品牌口号“服适人生”（Life Wear），“人”是生活和衣着的灵魂。

日本著名设计师佐藤可士和曾协助优衣库进行品牌革命，他这样描述优衣库的品牌定位：具有美学意识的超合理性。

总的来说，优衣库这样一家提供普通服装的公司能获得如此巨大的成功，是因为它在产品中注入了两种关键的内容：

知识性，划时代的功能性和科技性；

情感性，有美感的自由、舒适穿戴。

产品离不开知识、技术加持，知本家的产品路径也该如此。在这个产能过剩的时代里，各家产品都差不多，为了吸引用户，很多人的做法是不断开发新功能，而功能的提升远远超过了用户的实际需求，从而导致了功能过剩。

于是，我们陷入了这样一种尴尬之中：产品没有功能不行，只有功能也不行。这种情况下，情感的重要性便凸显出来了。

比如，普通人的味蕾大概只能分辨出好吃与不好吃，将食物做到70%或80%美味就可以达到普通人的感受极限，然而，不论食物的花样如何创新、味道如何调整，为什么还有用户觉得“寿司之神”做的是最好吃的，其他的都是“山寨货”，再好吃也不喜欢？那是因为他们看到了“寿司之神”背后的故事，在情感上认同。

就像宝马卖的不是车，而是驾驶的乐趣；

哈根达斯卖的不是雪糕，而是爱；

耐克卖的不是鞋，而是运动的生活方式和精神……

所以，

“产品 = 功能 + 情感”，情感 > 功能。

功能是标配，但产品的好坏更多地取决于用户是否认可，即在情感上是否认同产品。产品在功能（知识属性）的基础上，一定要注入感情的色彩。

对产品进行“情感化设计”

我们经常说要为用户提供真正有用的服务，产品要具有不可替代性，但事实上这是不可能的。当年 QQ 几乎成了电话号码之外最重要的联系方式，可是微信还是撼动了它的地位。更不用说各个领域内的产品经理做出的产品——凭良心讲——跟竞品几乎没什么差别。

人类需求分为生理、安全、爱与归属、尊重和自我实现五个层次，产品的特质也可以分为功能性、可依赖性、可用性和愉悦性四个由低到高的层面，而“情感化设计”则是在愉悦性这一层面展开的。

通常，一个有效的“情感化设计”策略包括两个方面，如图 7-1 所示。

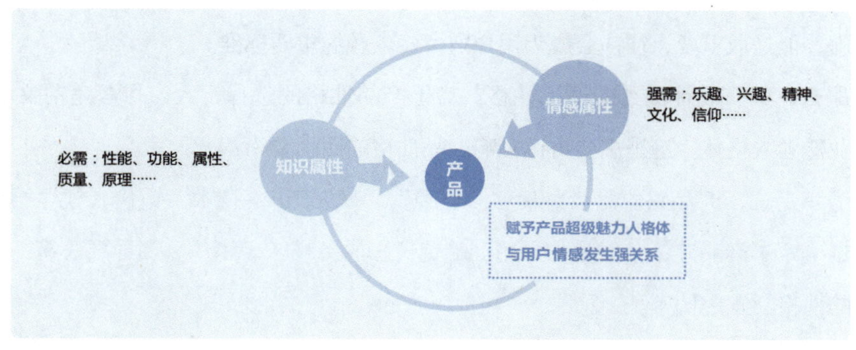

图7-1　“情感化设计”策略的两个方面

赋予产品超级魅力人格体，创造独特且优秀的风格理念，能够让用户积极响应、互动；

与用户情感发生强关系，打造出一整套人格层面的互动方案。

1. 赋予产品超级魅力人格体

唐纳德·A. 诺曼在《设计心理学》中指出：人类总是想把事物拟人化，把人类的情感和信仰投射到所有事物上。

这是人类一种自我倾向机制。所以在商业世界里企业也利用了这个心理机制，不管是品牌 Logo（商标）、Slogan（口号），还是产品包装，或是形象代言人、吉祥物形象等，所有这些都是为了向用户传达出一致的、富有个性的、人格化的产品或品牌形象。

比如，在很多人看来，微信是一个成熟稳重、办事高效，非常值得信赖和依靠的大叔，整体视觉风格稳重大方，且每次的迭代更新都很细微；淘宝是热情好客的店小二，每个人进门都会主动热情地推荐“亲，欢迎光临，来看看这个最新款哦”，努力给用户营造的是一种好货、新鲜货不断的热闹氛围；简书就像一个漫不经心、无害的倾听者或倾诉者，以万千作者的文字和实践，将写作这样一件某些人看来严肃、有压力的事情变成一件轻松的事，似乎在对用户说：“有就写一点，不想写随便看看也好。”

每一款成功的产品，都能带给用户一个清晰明确的人格特征，而这便是产品人格化，也就是赋予产品魅力人格体。这一步其实就是创造独特、优秀风格理念的过程，每一个产品在概念阶段，都应该给出一个人格或性格，也就是产品理念。产品性格也许很虚，但是很重要，往往会成为用户取舍、依赖的重要标准。

那么，如何设计优秀的产品性格？对于产品性格的选择，大家可参考前文的 12 种商业魅力人格体，这里主要讲讲影响产品性格的四个要素：

产品定位，产品定位是产品性格“底色”，一般来讲，技术、销售、领导层策略等基本决定了产品定位，但是如果用产品定位去服务技术、销售、领导层决策，产品本身的性格会发生偏差。

市场趋势，很多产品被扼杀在摇篮中，是因为市场趋势或潮流的变化，当市场潮流发生变化，而产品未能很好上市时，产品性格便会受到影响，要么随波逐流，要么落伍被淘汰。

技术偏差，如果产品性格依附于一定的可行性技术，当技术无法达到应有的高度时，产品性格注定会改变。

用户体验设计（UED），个人思想有差异，10 个人可能有 10 种不同的产品认知，产品性格或许会在经过设计体验部门后，变得更“圆润”，但一定会有所偏差。

当然影响产品性格的不止这四个要素，但是一般把握好这四个要素，便能保证产品性格“不走样”。实际上，产品性格受许多人的影响（见图 7-2）。

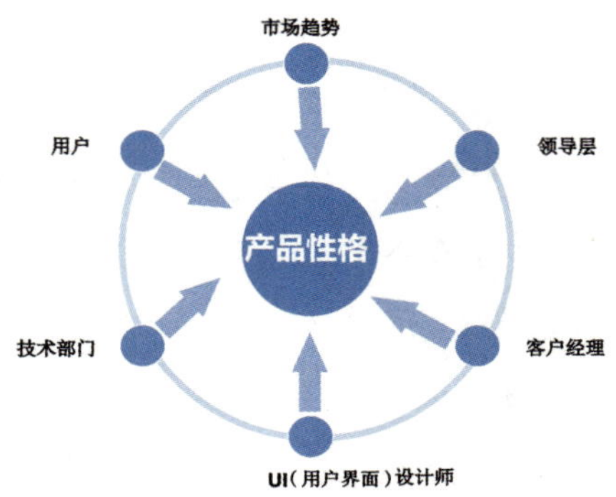

图7-2　产品性格受许多人的影响

2. 与用户情感发生强关系

有了人格，如何让产品被用户接受、喜欢？有三种方式：一靠外表，二靠内涵，三靠对别人有用。当然它的前提必然是有用，因此，这里讨论产品想让用户喜欢，有两个立足点：

外在喜好吸引；

内涵体验互动。

外表即产品的外观，是用户接触产品的第一印象，而喜欢好看的东西是人们的天性，并且人们通常会觉得有吸引力的东西更好用。因此好看的产品给用户带来正面情绪，而正面情绪则会让人忽略使用过程中的一些瑕疵。

所以，聪明的商家非常擅长先从外观入手，与用户建立起情感链接。比如越野车通常的设计都是线条硬朗、直棱直角，赋予产品这样的人格会给予用户极大的安全感，仿佛开这款车可以克服一切崎岖路况。

其实外表的吸引，更多地体现在视觉风格上，比如颜色、页面质感、元素形态、配图风格、字体等，每一个视觉元素通常都有自己的情感，不同的元素组合搭配也会传达出不同的情感。因此，在外在设计中，应充分考虑用户的喜好，制订出完善的展示方案和计划，令用户一见钟情。

然而，和谈恋爱一样，一开始被外表吸引，真正想要关系长久还需要交往，需要了解内涵。产品也是如此。而用户与产品的交往便是体验互动。

比如，雷军将用户的体验互动看成小米的核心理念，他打造小米新媒体运营团队，设计了基于用户意见每周更新的“橙色星期五”，举办小米线下活动“爆米花”、每年公司庆典“米粉节”……让小米用户充分体验小米产品的超强性价比，通过这样的互动与用户情感发生强关系。

那么，如何激发用户的体验及互动热情？

人的喜好很大程度上是内心自我形象、社会地位的投射，其中往往包含成就感、炫耀感、自豪感、被尊重等。因此，想要激发用户的体验互动热情，应以此为着力点，可以考虑从以下几个方面入手：

惊喜，提供一些用户想不到的东西；

独特性，与其他同类产品形成差异；

注意力，提供鼓励、引导与帮助；

专享，向某个群体用户提供一些额外的东西；

建立预期，向用户透露一些将要发生的事；

响应，对用户的行为积极响应。

互联网时代让曾经依靠信息不对称获利的方式开始失效，那些基于信息不对称来赚取利润的行业或企业都受到了不同程度的冲击，在这种情况下，想要获得高利润，必须利用情感设计来获取产品和品牌的高溢价。

比如，苹果手机的制造成本并不高，却依然有人愿意花高价去购买它。产品本身并不能创造高溢价，企业通过它跟用户共同创造的情感价值却可以实现高溢价。

因此，当你确定了产品情感设计的基调后，请将它作为你产品或品牌的底线和原则，你的传播方式可以花样百出，但必须牢牢抓住情感设计的调性。

02

新零售启示：线上线下融合

新零售和物联网刮起一股渠道飓风，改变了产品销售方式。对渠道的把握和选择，成了知本家实现知本商业化必须研究的一个课题，要么学精、用好，要么被埋没、被淘汰。

来自新零售和物联网的启示

有了产品，我们该如何卖？

30 年前，我们这样卖：厂商—总经销商—二级批发商—三级批发商—零售店—消费者。20 年前电商兴起，我们开始在网上卖，出现了 O2O、B2C。然而，马云在 2016 杭州 · 云栖大会上，吹响了新零售的号角。他表示：纯电商时代已经过去，未来 10 年是新零售的时代。新零售是一种线下、线上、物流相结合的模式。

于是，我们见证了这样的"奇观"，小米、顺丰、家乐福等各行业的企业都在借助着新零售的契机，建立自家的"新百货商店"，多股势力齐头并进，几乎同时进入新零售领域。

为什么这些企业要竞相涌进新零售市场？

曾经电商兴起，造成零售行业巨大波动，但是 2017 年后在线业务增长乏力，电商近两年增速下滑，市场由曾经的“蓝”逐渐趋于“血红”，开始进入“不破不立”的瓶颈期。另外，现在电商成本之高，已经不低于实体店。

要找到出口，就要结合线上以及实体销售渠道的流量，打造“全渠道获客”效果，也就是线上线下融合，全面打通销售通路。

无独有偶，在新零售兴起之时，“物联网”一词也开始大热。顾名思义，物联网就是物物相连的互联网，有两层意思。

第一，物联网的核心和基础仍然是互联网，它是在互联网基础上延伸和扩展的网络；

第二，物联网将互联网的用户端由人扩展到人和物、物与物，进行信息交换和通信，广泛地应用于网络融合中。

传统互联网经历了从以数据为中心到以人为中心的转化，典型应用包括文件传输、电子邮件、电子商务、视频点播、在线游戏和社交网络等。而物联网以“物”为中心，涵盖我们现在常听到的比较新鲜的词汇，如“物品追踪”“环境感知”“智能物流”“智能交通”“智能电网”，等等。

因此，对新零售来说，物联网有两大作用：

极大创新和完善了用户的体验通道、信息通道和沟通渠道；

依托互联网云技术、大数据技术、智能穿戴设备等，更加精准地、全方位地采集用户信息，更为全面地构建用户画像。

创立和持续发布胡润百富榜的胡润，在接受采访时曾表示：受益于“新物流 + 新零售”的全新概念组合，这个领域突然在 2016 年和 2017 年出现财富值骤增，一匹又一匹黑马争相涌现。

依托物联网“黑科技”，新零售将会打破用户、商品、场景的限制，充分整合服务、产品、用户信息，进行精准营销，将投入的客流成本发挥出最大价值。

因此，想要成功实现知本产品化营销，我们必须对如今的销售渠道有理性化的了解和多元化的布局。来自新零售和物联网的启示如图 7-3 所示。

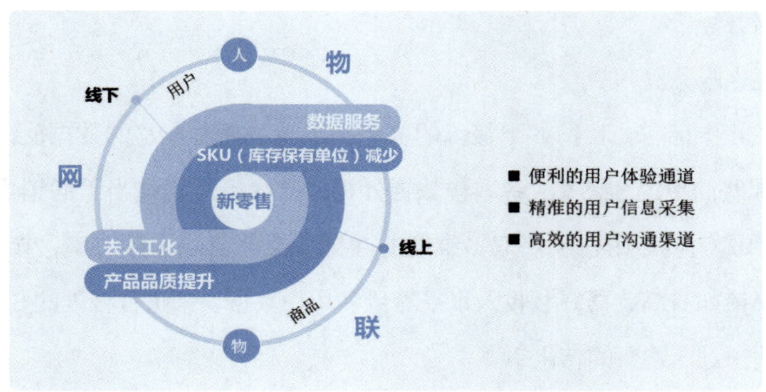

图7-3　来自新零售和物联网的启示

来自渠道的机会

零售业的公式：

利润 = 进店人数 × 转化率 × 客单价 × 利润率

用新零售来解读便是：

通过电商 / 社群模式，提高进店人数；

通过第一次线下体验，实现第二次在线产品购买或复购，提高转化率；

通过解决用户痛点，提高客单价；

通过虚拟平台向实体通路的布局，降低获客成本；

通过产品的情感塑造，提高客单价以及利润率。

而这里一切的关键在于用户黏性的增强和购物效率的提升，结果则体现为提高收入或降低成本，因此，不要再纠结于线上还是线下，只要把握好这两个渠道趋势，就能够抓住渠道的机会。

1. 线下渠道的技术变革

线下的旧业态在遭遇线上冲击时，主要应关注两点：经营的效率和用户体验的优化。相比于线上，线下从后端的供应链到前端的组货，从陈列到支付都存在巨大的优化空间，具体表现在：

数据服务；

去人工化服务。

相比较线上而言，目前线下最大的劣势在于无法通过丰富的数据反馈优化经营，而曾经的那些简单的SaaS[1]或者零售数据分析，已经不能满足当下的销售业务需求，线下渠道的优化机会则在于获取多维度的数据以提高前端运营效率，如通过部署硬件设施采集诸如身高、喜好、收入水平等更多用户数据，来进行合理的SKU[2]优化搭配，提高用户进店购买的转化率。

去人工化服务则是线下销售时有效降低成本的一种做法。在线下的很多购物场景中，有很多人工服务的附加价值比较低，如收银员、导购等，这些人员的工作完全可以通过去人工化的一些设备或工具来替代，从而降低经营成本，提高购物效率。这就是“无人店”、自助机等兴起的原因。而现阶段基础设施如移动支付、人工智能等工具的日益完善，会使线下渠道的去人工化服务成为现实。

2. 线上渠道的产品升级

移动互联网人口红利消失，线上流量成本越来越高，电商的发展呈现了从“物以类聚”到“人以群分”的特点。

电商1.0时代是亚马逊、淘宝、京东等平台类、综合类电商；电商2.0则是唯品会、聚美优品等垂直类电商；而到了电商3.0时代就是针对垂直细分人群的电商了，出现了导购类、社交类电商。

从线上渠道的变化我们看到，未来的机会在于：

SKU减少；

产品品质提升。

---

[1] SaaS（软件即服务）：SaaS提供商为企业搭建信息化所需要的所有网络基础设施及软件、硬件运作平台，并负责前期的实施、后期的维护等一系列服务，企业无须购买硬件、建设机房、招聘系统维护人员，即可通过互联网使用信息系统。

[2] SKU：库存进出计量的单位，以件、盒、托盘等为单位。它是大型连锁超市DC（配送中心）物流管理的一个要素。当下已经被我们引申为产品统一编号的简称，每种产品均对应唯一的SKU号。

平台越大，商品越丰富，用户的选择成本越高。我们可以看到从海量商品到品类垂直再到 KOL、媒体推荐，用户购买时越来越依赖于平台或者 KOL 的背书推荐。

与此同时，对于用户来说，时间最宝贵，越来越多的人不再愿意只为挑选一张桌子而去家具店逛一圈，选择成本的上升已经让“货比三家”不再是用户的购物圣经。对线上商家来说，当平台从流量驱动变为用户驱动时，如何帮助用户快速地找到让他们满意的商品是转化用户的关键。想要做到这一点，效率为上，因此“严选模式”便诞生了，少量的 SKU、优质的产品能帮助用户高效地筛选商品。而这对具备专长的知本家来说是一大福音，他们可以更专注地“沉迷”于自己擅长的领域，更好地实现知本的产品化发展。

日本作家三浦展在《第四消费时代》中描述了不同消费时代的特征：

第一消费时代，是少数中产阶级享受的消费；

第二消费时代，乘着经济高速发展的春风，以家庭为中心的消费势如破竹；

第三消费时代，消费的个人化趋势风生水起；

第四消费时代，社会重视“共享”。

目前我国正处于第二消费时代向第三消费时代转变的过渡时期。要适应这样的趋势，产品品质升级是必然选择。

当然，渠道选择的核心因素就是看产品的用户到底在哪里。用户在哪里，决定了这个渠道怎么建、新零售网络怎么搭，是以线上做品牌、线下成交销售为主，还是以线上销售、线下体验为主等。

但是不管怎么样，线上和线下销售渠道的融合已经是大势所趋，无法避免，我们唯一能做的便是利用这个趋势获取更大的流量，在互联网时代顺势发展。

03

“黑森林”流量引导和开发

互联网已经沦为一片“黑森林”，大家都在为着一个生存资源——流量而斗争。作为知本家，想要在“黑森林”中存活，唯有借助那些巨大的流量平台，进行横向扩展，并结合当下社交经济的趋势，进行纵向开发。

互联网是“流量黑森林”

虽然“流量”这个词是随着互联网的出现而出现的，但其实更早的时候，它便已经以“客流量”的形式存在。

过去，由于信息传递、支付手段、物流运输等的限制，厂家与消费者的对接往往需要通过中间商，所以有了百货公司、批发市场、大卖场这些业态，它们往往能够获得大客流量，是那个时代的“流量渠道”。

今天，互联网技术的发展使电商对人、货、场的控制远远超越了曾经的零售模式和路径，B2C、C2C（电子商务中消费者对消费者的交易方式）、O2O 等新商业模式不断产生，每个电商平台都是超级流量入口，客流、物流、数据流、信息流达到线下零售商从前无法想象的量级，也改变了传统的零售模式，商业之争也由曾经的客流量之争，变为流量之争。

其实，一切生意的本质都是流量。流量决定着一个企业的“生死”。但是，流量不等于客户，流量是冷酷无情的，只有一小部分的流量能够产生购买行为，加之互联网红利消失，互联网已经成了一个“流量黑森林”：

无比黑暗，谁也不知道下一个流量入口会出现在哪里。

效益递减，躲在暗处的竞争者，蠢蠢欲动，随时准备给出致命一击。

新技术、新模式诞生，随时都可能让你在迎接光明的那一刻突然失败。

对流量的掌控能力是互联网时代商业变革的核心，失去流量就失去了一切。这曾经只是互联网的生存法则，今天却适用于所有企业。所以，我们必须不断地进行流量引导和开发，获取更大的流量，具备更强的流量掌控力。

然而随着互联网红利逐渐消失，各大巨头基本已经完成了对流量的收割。此时获取流量的便捷方式便是站在这些巨头的肩膀上，开发用户，进行流量导流。

流量获取巧借力深开发

互联网的崛起分割了线下流量，而移动互联网的到来分割了线上流量，BAT 等巨头更是几乎垄断了互联网流量，流量的获取已经越来越难。

那么，心理学家武志红怎么火的？他最早被人关注是在微博，而后他转战微信，成功获取大批“粉丝”。PPT 专家秋叶怎么火的？他推出专业微信公众号、组建社群。传播专家罗振宇怎么火的？他通过喜马拉雅打造知识型脱口秀《罗辑思维》，打造知识服务 App 得到……

移动互联网时代，靠自己“单打独斗”已经很难再打出一片流量江山，但是我们可以借助流量平台的力量，通过两个步骤实现流量的引导和开发，如图 7-4 所示。

1. 横向扩张，新媒体流量引导

对我们来说，平台是流量的入口，也是获取流量的工具，流量拉新离不开平台的

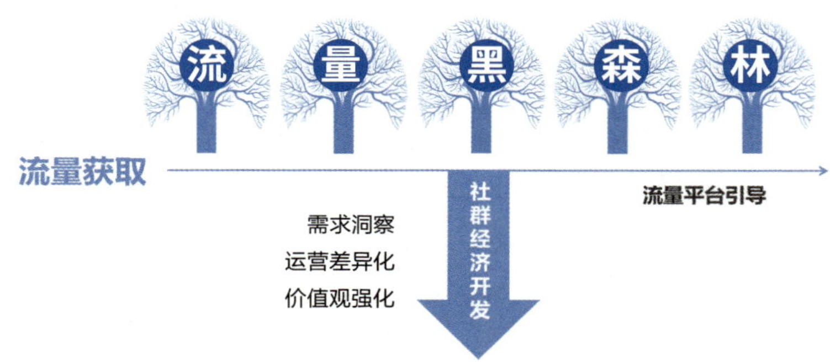

图7-4 两步骤实现流量引导和开发

选择。而新媒体是超级流量入口，也成了大家的共识，它在品牌宣传、产品转化、用户服务上有着无与伦比的魅力，几乎各行各业都借助流量工具做过新媒体营销。

目前国内流量比较大的平台有许多，以下面几种为例，它们各有特点。

搜索引擎，以百度为例。每天有超过 1 亿人次在百度查找信息，当你在百度输入与产品相关的关键词后，就会被主动查找这些产品的潜在客户找到。因此通过搜索引擎简单便捷的网页操作即可给企业带来大量潜在客户，有效提升企业知名度。目前，除了百度，搜狗引擎也来势汹汹，不可小觑。

贴吧、论坛。虽然贴吧、论坛已经没有了曾经的火热场面，但是我们依然不可忽视其积累下来的用户基数和这些用户形成的“讨论习惯”。而且通常一个专业论坛就相当于一个同行业交流基地，流量更加精准。

微博。微博是中国最大的事件搜索引擎，通过微博可以实现品牌推广、事件传播、危机公关等，从而提升品牌的知名度，建立品牌影响力，建立直接的用户沟通渠道，第一时间掌握市场信息。

微信。它拥有 10 亿人的用户量，其特点是具有圈层性，用户通过联系人和朋友圈组成一个个标签明显的圈子，一个个公众号连接的也是一个个不同的圈子。这种圈层性是把双刃剑，一方面限制了商业信息的传播，另一方面却更有利于企业凝聚核心用户，进行精准的深度服务，实现裂变和销量转化。

今日头条。后起之秀，其精准的内容分发更有效地为企业解决了流量问题。只要你的内容被头条判定为很多用户需要，你的内容就会被推荐到成百上千万用户面前，轻松实现超10万次点击甚至超百万次点击。

知识分享平台，如知乎、喜马拉雅、豆瓣等。近年来它们发展极为迅速，通常来说，行业属性强的职场类人士，较为容易在这类平台上进行用户聚集。而我认为，知识分享平台会是对知本家而言最好的一个平台。

B站（哔哩哔哩）。现为国内领先的年轻人文化社区，24岁及以下年轻用户偏爱的十大App之一，与以上几个平台相比差异化价值在于ACG[1]文化。在B站营销的价值在于了解“95后”，了解未来，因为他们将很快成长为下一代主力消费人群。

直播、短视频平台。直播、短视频是非常能体现互联网视频特色的板块，某种意义上，在当下语境中直播营销就是一场事件营销，能够体现出用户群的精准性，且能够实时与用户互动，深入沟通，情感共鸣，信息传递效率较高。

移动互联网时代，新媒体是知本家必做的基本功，当然也不要指望通过单一的平台实现大量的流量收割，新媒体平台更多的时候需要我们结合自身用户特点，联动操作。

2. 纵向发展，社群经济流量开发

站在流量巨头的新媒体平台上，我们只是知道了该从哪里吸引流量，接下来便是利用社群经济深入地进行流量开发。

在马斯洛的需求层次理论中，我们的社交需求仅在生理需求与安全需求之后，接地气地说，人只要活着，就渴望与人交流，渴望从人与人之间的连接关系中，找到归属感。有需求，就会有商业，社群经济随着移动互联网的发展，席卷着营销界。而社群的关键要素是人，社群的结构主要依赖于人际关系。经营社群就是经营人与人之间的关系。而在商业中，经营社群就是经营你或企业与用户的关系。

那么，如何经营？

需求洞察；

[1] ACG：Animation Comic Game的缩写，是动画、漫画、游戏的总称。

运营差异化；

价值观强化。

你要明白你做社群到底是为了什么，也就是需求所在，正因为有了需求，社群才具备存在理论和实现基础。这个需求要从你和用户两个方面考虑。

你的需求大致有以下几点：提升品牌影响力；以品牌社群为样本，挖掘产品的潜在竞争力；收集用户信息，洞察用户需求；实现销售转化；通过社交媒体及朋友圈的不断传播发酵，打造优质内容；建立用户对品牌的认同感……

用户的需求大致有以下几点：获得与产品相关的服务，如打折、团购等；社交需求，结识相同品位或高质量的人群，拓展人脉；学习和分享；获得归属感、满足感；打造个人的影响力……

从这些需求中，我们可以将社群简单归为两大类：

产品导向的资源型社群，依靠实打实的优质产品资源，服务“粉丝”，“粉丝”花更少的钱买到了更好的产品，自然归属感加强。

精神导向的知识型社群，依靠KOL或团队注入高价值的知识或进行经验分享，让“粉丝”站上巨人的肩膀，学得更好，看得更远，懂得更多。

接下来，我们要懂得如何运用差异化进行社群运营。

一般来说，要做好社群差异化运营，针对以上两大类社群有不同的切入点。

产品导向的资源型社群，可以从与产品相关的某一属性入手，寻找差异化。

精神导向的知识型社群，可以从自己或团队的某个喜爱或擅长的领域入手，寻找差异化。

杜蕾斯是典型的运用产品属性打造产品导向的资源型社群的企业，它根据安全套这个产品，把自己人格化，一方面大胆地谈论两性话题，打造一个“首席性趣官”人设和标签，另一方面通过追热点和创意来强化自己的“懂性知趣”的时尚形象。不仅契合了用户需求，同时做出了差异化定位。

因此，差异化能使社群具有亮点和特色，而想要让用户直观地感受到社群差异化，最有效的做法就是打标签，如文案、设计、讲座、经理人等，这些标签可以是职业、爱好、技能……主要是方便用户一眼看出社群的功能，从而区别于其他社群。而这就是差异化定位的开始。

作为一个知本家，做到这一步还不够，你是社群KOL，你必须懂得强化或赋予社群相同的价值观。

比如，豆瓣的社群“粉丝”，对文艺气质、情怀有着共同追求，文艺、情怀便是其标签；罗辑思维的社群“粉丝”，则具有独立、思考的共同标签；苹果的社群“粉丝”，喜欢追求科技感和前卫感……当你强化这些“标签”的时候，你就可以让“粉丝”强烈地感受到自己与他人的不同，给“粉丝”带来价值观上的共鸣。

在移动互联网的推动下，不同的价值观之间是彼此区隔的，并相应产生不同内容，通过互联网这个媒介完成连接。价值观的传播和认可，是拥有忠实“粉丝”、活跃社群的有效手段。

移动互联网社交传播时代，新媒体运营是基础，社群经济是手段，我们必须懂得如何组建一个自己的新媒体运营矩阵，打造自身的社群经济，不断地进行流量拉新，获取更大的流量，具备更强的流量掌控力。

04

创意营销法则运用

在如今用户注意力极度分散的商业环境下，抢夺用户注意力，无疑成了营销人员更加关注的内容，只是当一些传统的营销理论和做法纷纷失效时，创意才是永恒有效的。

营销更需创意

当产品、渠道、流量都已“万事俱备”，接下来便是要吹起营销这股东风了。

然而，今天的世界，当所有资源都日趋匮乏之时，人口和信息是过剩的。

在人类社会发展历程中，信息曾经稀缺，许多人利用信息不对等，创造了一个个财富传奇。但是，比尔·盖茨提出“信息在你的指尖”为信息时代揭幕时，肯定做梦也想不到信息过剩时代接踵而来。

从垃圾邮件到令人厌烦的广告，我们每天都遭到海量信息的“狂轰滥炸”。美国科学家计算出人类每年通过电视、广播、报纸、海报和邮件传播的数据量多达 2×10^{21} 兆字节，每人每天获得的数据量相当于阅读 174 份报纸。

面对海量信息，每个人的“内存”有限，不是每个人都能够拥有足够强大的信息管理能力与消化系统。为了免受骚扰，我们会启动屏蔽模式，在自己专业、地域、兴趣以及关注点等基础上，出于对传统信息系统的“解放精神”及证明自身在信息洪流中的个性、价值、品质，自发地产生群体圈层分化，对信息进行过滤、筛选、定制，形成信息茧房或信息孤岛。同时，媒体全民化、智能化带来的微博、微信等社交软件，特别是以来源广泛、传播迅速及对碎片化时代高度适应的诸如今日头条、一点资讯等拥有智能算法的新型“定制类”软件的出现，在继续深化着用户的选择困难程度。

因此，如何在海量的信息中吸引用户，成了当今营销的重点所在。而答案归根结底体现为四个字——“创意营销”。

比如，昆士兰旅游局为了推广自身的旅游资源，曾开展了一次提供“世界上最好工作”的活动：只要待在一个美丽的海岛上，清理水池，喂鱼，收收邮件，就能拿到15万美元的年薪；申请人只需要录制一段一分钟左右的自我介绍视频，便能够参与这次选拔。共有3万余人参与了此次招募活动，招募活动仅仅花费了170万美元，但在全球产生的广告效益达到1.1亿美元。

可见，如果有一个足够好的创意，不仅能够成功吸引用户，而且能节省巨额的广告费。

三个方法让创意营销有规律可循

在很多人的概念里，创意营销是有天赋的人才能做的事情，其实不然，大部分好的营销点子和营销创意都是有章可循的，通常都是通过有效的方法思考出来的结果。

下面我将给大家分享三个被验证有效的方法，让你的知本家营销创意思路不再受阻。

1. 借助经典模板

其实很多的营销点子都是借用了被验证有效的经典分析模板，这些分析模板是有思考积淀、洞察实践、影响深远的真正“干货”，往往也可以拓宽我们的思路，更快地启发我们思考。

那么，这些经典模板有哪些呢？

4I 理论：内容整合得有趣（Interesting），给用户带来利益（Interests），做到和用户互动（Interaction），让用户彰显个性（Individuality）。随着网络媒体的发展，信息开始过剩，这一理论非常适合新媒体传播。

USP 理论：向消费者说一个“独特的销售主张”（ Unique Selling Proposition ）。即从产品里，找到一个有巨大说服力的、竞争对手不具备的、对消费者的好处。

此外，当你想综合分析相关环境、制定战略时，可以借助 SWOT 分析法、4R（关联、反应、关系、报酬）营销理论、STP（市场细分、目标市场、市场定位）分析法、PEST（政治、经济、社会、技术）分析法、波特五力模型等经典模板，甚至很多优秀的创意广告也都被人总结成了模板。

所以，借助经典模板你可以得到有效的营销思路。需要注意的是，随着商业环境变化，有些模板正在失效，但是符合用户的模板依旧有效，我们要根据自身的实际情况做出选择、调整，灵活使用。

2. 回归产品与品牌本身

当你借用了经典模板，诞生了新想法时，先别急着推行，要回归产品与品牌本身。

曾有很多文章分析，文案想要打动用户，一定要有“冲突”，也就是“消费者洞察”。但是很多人仅仅记住了前半部分“寻找消费者洞察”，往往忘记了后半部分“关联产品和品牌”。

比如，滴滴出行邀请泰国导演拍了一部广告，确实非常有创意：通过对中国式相亲的“洞察”，唤起了无数网友的共鸣。然而，这种洞察并不能和滴滴出行想要表达的产品属性建立关联。最终广告播出后，除了对广告创意本身的记忆外，用户并没有加强对滴滴出行相关特点的认知。

“盈利”是企业存在的根本目的，广告的最终意义一定是提高产品销量，所以，创意一旦偏离了产品与品牌本身，营销就会沦为“自嗨”，用户仅仅看个热闹。不要将目光放在创意上，大部分好的营销都是站在产品和品牌的角度去思考的，必须将广告创意与产品和品牌关联，从而影响用户感受，促进最终产品的销量。

3. 绑定场景，植入用户记忆

定位理论指出：品牌之间的竞争，不是关于市场份额的竞争，而是关于用户心智的竞争；对于企业成果的定义，要从用户心智方面寻找答案。

但是到了移动互联网时代，定义企业成果已经从用户心智中直接显化在了用户的手机桌面上，抢占用户的手机桌面往往意味着抢占了用户心智，然后通过绑定一些场景，在特定的场景下激发用户使用。

所以，在过去 PC 互联网时代，用户在电脑前的使用场景都是固定的，广告只需指出产品功能便能生效。但是用户从 PC 端解放出来之后，产品的使用场景出现各种可能，文案需要描述场景，告诉用户在什么时间什么地点使用产品，并通过场景的绑定让用户知道产品帮助他们解决了什么问题。于是，我们看到支付宝十周年广告《账单日记》，描述了一个少女的成长史，每一个数字都代表生活中的“点点滴滴”……

其实品牌对场景的需求一直都存在，只是移动互联网放大了这种需求，而对任何产品来说绑定场景都非常重要。

第八章

知本溢价

——其实拥有的能更多

最成功的创作者可以得到巨大的金钱回报，这激励着很多人设法打入市场。

——泰勒·考恩《商业文化礼赞》

我们为用户提供极致的产品和服务时，也在追求两个结果：塑造品牌、提升销量。这需要我们动用社群、“粉丝”、产品本身、知识付费等一切力量强化商业运作，其核心在于新一轮的“价值运动”，赋予品牌价值，赋予产品价值，赋予知识价值，让知本实现溢价。

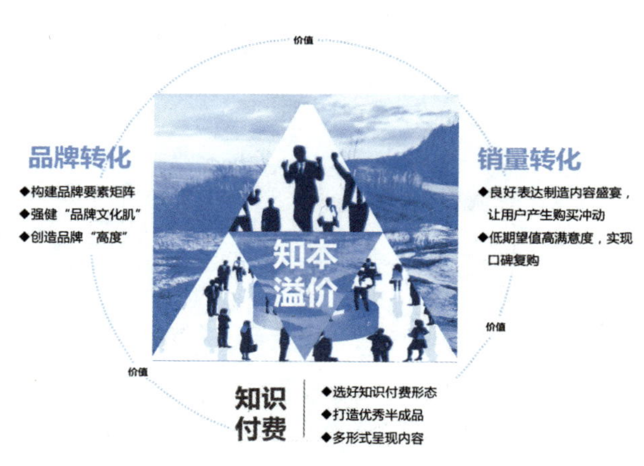

01

品牌转化：创造价值，促发行动

大数据、新零售、物联网……不管是怎样的新趋势、新业态，商业运营的本质是品牌经营，想要抓住时代的风口，你要做的第一步便是明确品牌的真正内涵，制定品牌发展策略。

创造品牌就是在创造价值

当你依靠着自身的知识、技能，辛辛苦苦建立起了企业，一切也步入了正轨后，那么，请问：你将如何持续地获得竞争力，拥有强大的“护身符”？

很多人的答案可能是优质产品、高市场份额、有效执行和卓越管理。

这些答案没错，但是真正的“护身符”应该是无形资产，也就是企业所拥有的品牌、文化、专利等（很多也恰恰是知本家的优势所在），它们能提供竞争对手无法效仿的产品和服务。其中品牌会是非常重要的一股力量。

在用户不了解却想去了解某个产品的时候，用户的着眼点一般都在品牌上，即选择几个知名度高的品牌进行比较、取舍。品牌有以下力量。

品牌是身份证明，代表差异化、产品个性、服务承诺、文化内涵等。

在产品过剩的时代，用户会记住品牌，列入购物清单的往往是品牌产品，而不是其他。

在竞争激烈的商业态势下，能够直接实现商业溢价的是品牌。

那么，我们该如何塑造品牌呢？

有的人简单地认为品牌就是“曝光度”，利用各种广告渠道增加曝光，自然便拥有了品牌；有的人将着眼点放在价格上，以期通过价格优势来获得关注与流量。其实真正正确的做法是创造价值。

比如，想让用户记住产品，不仅要将产品销售给他们，而且要让他们通过使用产品而对产品本身产生好感，形成品牌忠诚度，从而实现重复购买，并形成客单价值；用户使用品牌产品后，感到满意，就会围绕品牌形成消费经验，存储在记忆中，可以为将来的消费决策做依据，这对企业来说便是用户价值；当你为自身产品树立了良好品牌形象，赋予了其美好的情感或一定的文化，让品牌及品牌产品在用户心目中形成了美好的记忆，品牌就具备了精神价值……

品牌建设的过程是价值创造的过程，需要秉持匠心，持续并耐心地使用专业手段，与用户保持对话，逐步提升用户价值，这个价值可以是客单价值、文化价值、精神价值、品牌认知度价值及用户给品牌带来的传播价值等。我在担任广东省企业品牌建设促进会常务副会长期间，曾受邀在第二届中国品牌人年会上进行主题演讲，我当时以“首席谈判官”商标注册为例，阐述了重视品牌、塑造品牌的重要性。我认为，随着社会高速发展，每个人在人际交往中都代表一种符号，代表一种认知，而这种符号和认知时刻都在和他人进行沟通与谈判的过程中发挥作用。在打造品牌的过程中，不仅仅要重视企业或产品，个人品牌亦愈加重要，而具有良好的谈判协商能力则是打造个人品牌的关键。

品牌价值创造三大策略

价值是独特的、相关的、用户选择你不选择别人的理由，是融合了功能、情感、精神的高度提炼，需要我们创造。

那么，如何创造品牌价值？

1. 构建品牌要素矩阵

构成品牌的要素很多，除了过硬的产品，还有名称、术语、设计、符号等或其他令人印象深刻的特征。

因此，要将产品转化为品牌，你必须要对产品进行包装，赋予它名字、口号、故事乃至人格等，也就是构建起一个完整的品牌要素矩阵，如图 8-1 所示。

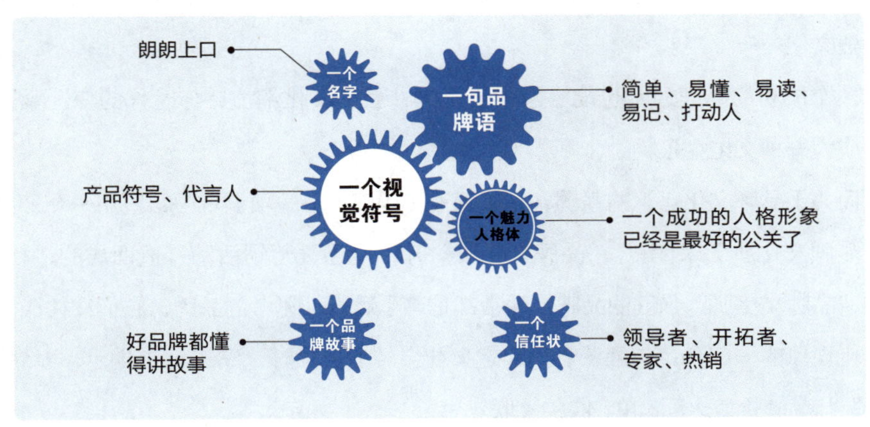

图8-1　品牌要素矩阵

一个名字。好的名字是成功的一半，能在第一时间抢占客户的心智资源，降低传播成本，成功的品牌大多名字朗朗上口。

一句品牌语。它是品牌核心竞争力在语言上的凝缩，告诉用户你能为他做什么，并且说到做到。

一个视觉符号。要让品牌可视化，形成视觉记忆，就要找到一个符号元素，运用各种艺术手法将其打造成专属的品牌符号。

一个魅力人格体。将品牌人格化，塑造品牌个性，由品牌个性来促进品牌形象的塑造。

一个品牌故事。一个好的品牌故事，不仅仅赋予这个品牌性格，同时是向用户传达品牌精神、品牌价值观的重要工具。

一个信任状。它是让品牌价值显得可信的事实和行为，品牌在用户心智中的担保物。

2. 强健“品牌文化肌”

一个品牌打造的过程，也是一个文化打造的过程（其实这在品牌要素中已经得到体现）。对于用户来说，品牌并不仅仅意味着一种产品或服务，更是代表了多文化和价值观。

例如，百事可乐卖的是年轻和激情；耐克卖的是激情和能量；星巴克卖的是空间及小资文化……

一个成功的品牌通常也能够紧跟当下的社会、文化潮流，与时代的变迁紧密相连，成为一种文化主张。

而关于品牌文化意识的强弱，智威汤逊（JWT）在一项调查中，曾用一个形象的词“品牌文化肌”来衡量。“品牌文化肌”并不是通过营销活动打造而成的，相反，那些“品牌文化肌”强健的品牌，通常都是善于聆听、思考的品牌，它们往往成为一种文化现象的一部分，与消费者一起定义社会转型。同时，JWT 调查揭示，“品牌文化肌”与品牌价值之间有 0.540 的关联。

这对我们来说是个好消息，意味着我们有机会与当前社会的重要转变关联起来，增进与用户之间的联系，实现收益的增长。而“品牌文化肌”也不是一成不变的，随着时间的改变，技术、风格和时尚等都在改变，更是赋予了我们增强自身“品牌文化肌”强度的机会。

因此，想要强健自身的“品牌文化肌”，先要问自己以下几个问题：

是否将打造品牌作为发展战略？

竞争对手在品牌文化上都做了什么？

最新流行的文化与品牌 DNA 是否契合？

用户接下来会对什么文化现象感兴趣？

还有哪些方式可以用来表达品牌与文化的连接？

是否需要改变商业战略、管理、服务等来强化“品牌文化肌”？

厘清了这些问题，我们就可以帮助品牌厘清文化定位及在用户心智中的形象。

3. 创造品牌“高度”

品牌想要有影响力、号召力，必然要站在一定“高度”上，比如成为领导品牌、第一品牌。用户喜欢“第一”，“第一”对他们来说不仅是品质的保证，也是一份荣耀，一个身份的象征。

然而，“第一”并不那么容易创造，现实中我们往往也很难成为“第一”，怎么办？寻找差异化。找到产品不同角度的优点，聚焦到极致，然后塑造价值给用户，“创造”出一个“第一”。

比如，你的企业不是第一个做商业模式培训的企业，但是拥有非常强悍的实战经历和经验，就可以是“实战商业模式培训第一”。这些“第一”包括：

品类细分中的第一；

某项技术的第一；

某项服务的第一；

某种材质的第一；

某种理念的第一。

也许我们不是专业的品牌策划人，但未来知本家都需要品牌化，利用品牌的影响力去创造更多的商业价值，因此简单的“品牌术”是必不可少的。我也希望通过这一节的分享，帮助大家充分认识到品牌的真正内涵，初步掌握一些品牌转化的方法。

02

销量转化：让品牌自己“召唤人”

销量是直接的企业“成绩”，但是销量转化往往也是对企业来说极难的一门功课。成功的销量转化方式是用户第一眼就能看上产品，购买后还能介绍给朋友。

转化误区：高人气 = 高销量

企业有两项基本职能：市场销售和创新。只有市场销售和创新才产生经济成果，其余一切都是“成本”。

然而，信息透明化和注意力分散让用户更加难以沟通；购买的决定权越来越集中在用户的手中；用户缺乏的资源可能不是金钱，而是时间、注意力、购物兴趣、耐心、信任度；超强竞争环境形成，全球每年大约有 1.5 万个新产品诞生，用户有许多的选择……如此恶劣的环境中，想要激发出用户的购买欲，实现购买行为非常不易。

可能你会觉得其实没有这么恶劣，新媒体时代只要有足够的“粉丝”还愁销量吗？有的人可能还会搬出凯文 · 凯利的 1000 名铁杆“粉丝”理论：

创作者，如音乐家、摄影师、工匠、演员、动画师、设计师、视频制作者，或者作者——换言之，也就是任何做原创的、传递正能量和价值的人或团队，只需拥有1000名铁杆“粉丝”便能糊口。

这个理论在自媒体占主流的社群经济时代，被封为圭臬。对知本家来说可能也是一个巨大的机会，知本家凭借过硬的技能、前卫的知识、自身的魅力往往可以很容易聚集大量的“粉丝”，比如网上那些活跃在微信、知乎、微博上的知名的培训师，几乎都拥有上百万的“粉丝”。然而，最后的结果是，理都懂，人气、名气也都有了，却无法有效地进行落地转化。

比如，罗永浩“粉丝”过千万，作为国内第一代“网红”凭借着超高的演讲水平和个人影响力，聚集了大量的“粉丝”，几十年来，他做博客网站、英语培训，后来做锤子手机，锤子手机的话题性也很强，人气也颇高，但实际的销量惨淡。同样在手机领域，雷军已经将小米手机的销量做到了全球第四[1]。

今天，人文情怀和“网红”、KOL光环带动起来的营销策略依旧有效，但是要将“高人气”转化为“高销量”，是有技巧的。2020年4月1日，在这样一个极其特殊的日子，罗永浩再次宣告“王者归来”，强力加盟抖音独家直播卖货，依托罗永浩超强人气及抖音庞大流量，当晚累计观看数超过4800万人次，支付交易总额超过1.1亿元。

由外而内打造会召唤人的品牌

如今，用户人手一个智能终端，这些智能终端一方面延长了信息的传播时间，另一方面通过社交打破了时空的限制，并赋予了用户高度参与性，这迫使所有品牌转变传统的思维和沟通方式，想要实现销售转化，也必然需要更有互动性和个性化的内容。

[1] 参见IT之家，《IDC公布2018年智能手机出货量排行榜》，https://baijiahao.baidu.com/s?id=1624154170516563935&wfr=spider&for=pc。

同时，用户的信任机制发生了变化，由过去的信广告变成了信亲人、信朋友、信KOL。因此在对“粉丝”做销售转化时，实用的方法成了从感性内容制造到口碑打造，由外而内，让用户由冲动购买到口碑复购。

1. 良好表达制造内容盛宴，让用户产生购买冲动

同质化的今天，用户已经越来越感性，他们往往不会为了某个产品的功能而做出购买行为，相反他们会因为自己的喜好、兴趣而买单。因此产品的内容输出必须足够吸引他们，刺激到他们的购买兴奋点，而这直观地体现在表达逻辑上。

我认为最好的内容表达逻辑是 AIDA 结构，简单明了，且层层递进。

A（Attention），引起注意；

I（Interest），诱发兴趣；

D（Desire），证明及激发购买欲望；

A（Action），促成购买行动。

总结来说，就是按照“注意—兴趣—欲望—行动”这样的故事线逐步引导他人采取某种行动。这是国际推销专家海英兹·姆·戈得曼总结的推销模式。想要写出让用户看了就下单的广告文案，这个模式非常实用。

例如，一家服装店，打出周年庆超优惠的广告，吸引消费者注意；在消费者进店后，店员会投其所好地夸奖“哇哦，这件衣服特别符合你的气质，简直是为你量身设计的”，从而激发消费者对这件衣服的“兴趣”；为了进一步促进成交，店员会强调“这件原价 1500 元，现在做活动打 5 折，你能省 700 多元”，刺激消费者的购买“欲望”；当消费者明确表示出购买意愿时，店员通过询问付款方式“是现金还是微信支付”促使消费者完成购买“行动”。

AIDA 结构是我们常用的表达逻辑，它可以帮助我们产生很好的转化营销内容，不管是口头上的，还是文字上的。

当然，自媒体时代，我们的营销内容更多地会以图文的形式呈现给用户，此时图文内容的排版也非常重要，好的排版不仅页面精美，带给用户视觉享受，更重要的是能够帮助用户轻松抓取有效信息，一般排版技巧有以下几种：

采用的字体最好不超过 3 种，比如大标题使用一种字体，正文使用一种字体，标语再换一种字体。

设置正确的标题空间留白，同时，标题和文本间有层次感，方便用户迅速找到感兴趣的部分。

整体风格独特、统一，注意对比度，也就是整体背景色调和文字要有一个对比度，便于用户辨认。

做好图文结合，一定要安排好文字和图形之间的交叉，既不要影响图形的观感，也不能影响文字的阅览。

保证有下划线的文本链接有效，下划线一直是公认的链接格式，因此你必须保证这个链接有效，否则，会给用户带来很大的困扰。

不管是会议营销、社群营销、购物网站营销，AIDA 结构的表达逻辑和优秀的排版都能够很好地促进你的“粉丝”向用户转化。

2. 低期望值高满意度，实现口碑复购

“品牌”的“品”由三个口组成，这说明品牌与口有关，即与口碑有关。

那么，品牌口碑如何形成？由用户的满意度决定。

一般来说用户的满意度取决于两个方面：

产品、服务质量和价值；

用户对产品、服务的预期。

当产品、服务的质量和价值远远超出用户的预期，给他们带来超值体验时，用户就会对品牌忠诚，形成口碑复购。

许多做过零售的人都知道，维护一个老客户的成本远远低于开发一个新客户，营销做得好，单月销售额至少有 20% 来自老客户的复购。

因此，每一次的成交正是下一次机会的开始，想要形成口碑复购，直接的方式是让用户变成“经营者”。

比如，宝马在德国开设了客户创新实验室，为用户提供在线工具，帮助他们参与宝马汽车的设计。

OhmyNews，韩国著名的“群众媒体”，读者即作者，拥有70多万读者，4.1万名记者。

阿迪达斯，其“粉丝”不仅加工了属于自己的跑鞋，还放到eBay（亿贝）上出售……

今天用户的消费形式和消费意识都已经发生改变，开始从被动消费到逐渐掌握产品的话语权。我们更应该将他们的身份进行一次转化，即将他们用户的身份变为经营者的身份。一旦用户变成了品牌的“经营者”“创作者”“合伙人”“明星”，他们就会认为品牌与自身的利益息息相关，自然“忠于品牌”，甚至带领身边更多的人成为品牌、产品的拥趸。

另外，产品迭代能够很好地实现口碑复购。

比如，一个培训讲师为什么要不断地升级课程？因为课程不断迭代，理念更新颖、更实用、更具启发性……

产品迭代是为了给用户更好的解决方案，更好满足用户需求和体验，再说了，人都有喜新厌旧的心理，因此它是吸引用户复购非常好用且重要的一个方法。

当然，形成口碑复购还有其他方法，未来随着消费形势的改变也将诞生新的方法，但总体来说，销售转化是一个充满艺术性的技术活，不要被高人气所迷惑，要慢慢滋润“粉丝”，也要有足够的“厚脸皮”，并在不引发用户厌烦的情况下明确传递“产品信息”。

03

知识共享创造利润也是趋势

以自媒体为代表的内容付费模式的出现，喜马拉雅等知识类平台向付费答题、付费读书的转型，已经逐步打通了知识付费的可行渠道。这让知本家比一般企业家多了一条打造个人品牌、企业品牌的新路线。

知本溢价的第三条路

互联网的高度普及已经将我们带入了共享经济时代，从实体经济的互联网化到互联网创业潮，无数网络延伸产品推陈出新，发展到今天，互联网圈也出现了很多新现象：出现了一批知识明星，他们有的来自传统媒体，比如马东，有的是非常厉害的知识“网红”，比如讲理财的简七；人们消费的逻辑发生了变化，过去用户买的是稀缺产品，现在用户买的是体验；一系列知识平台火了，如知乎、得到……互联网知识经济悄然成型。

而知本家在互联网知识经济中具有天然优势：

凭借过硬的技能、知识，很容易成为“知识极客”和某领域的KOL。

相对于一般的知识分享者，拥有完善的知识系统，可以持续性地输出，维持用户黏性。

具备多元化的“能力储备”，可以更好地整合资源，扩大自身影响力。

具备优秀的人脉资源，能够获得名人的推荐，快速吸引流量及快速变现。

比如，“李翔商业内参”的知识秘书李翔，曾是多家知名报纸杂志的主管编辑，他从《财经天下》离职，凭借自身的商业知识和认知，与罗振宇团队合作筹划自己的产品——“李翔商业内参”，并提供独家服务，包括筛选信息条目，用过去的经验帮用户把脉、预判未来的商业趋势；这个产品的灵魂不是信息，是李翔个人的解读和点评，是李翔基于超过十年的商业报道经验而获得的认知能力。然而将“李翔商业内参”推向高潮的是马云，他不仅是第一个订阅用户，更通过 60 秒的语音为其做了推荐。优秀的内容加上大咖的大力推荐，李翔取得了漂亮的成绩——一年近 2000 万元的销售额。

因此，知本家相比于一般的知识分享者，能够更好地打破内容输出无持续性、同质化等知识付费瓶颈。

而人们对知识付费的深层消费心理则是时代快速变革所带来的焦虑。

喜马拉雅“好好说话”付费栏目的主创胡渐彪表示：支撑知识付费浪潮最重要的一个动能就是焦虑，这个时代我们看到了太多值得追求的美好，我们知道这些美好是有机会得到的，但不幸的是有太多值得我们去追求的事情，我想挠，但是挠不到，非常焦虑。

解决焦虑的方法有两种：实现那个令人焦虑的目标，或仅仅消除焦虑本身。

实现目标需要长期努力，且不一定能成功，但是花钱可以消除焦虑，比如通过投资自我来提升核心竞争力，从而获得安慰、满足。于是，用户除了利用知识付费这种模式去筛选有效信息外，更是利用这种模式促使自己学习。

真象大数据调查显示，有 63.3% 的人更愿意为“能提高工作效率或收入的知识和经验”付费。因为身处行业竞争激烈的时代，他们希望通过快速有效的方式学习行业专业知识。

同时，信息碎片化，用户的注意力稀缺，需要他人帮助筛选和提炼知识，快速获取碎片化信息，更为高效地利用碎片化时间。

所以，知识付费，会让知本更为值钱，会成为知本家个人品牌、企业品牌溢价的第三条路。

打造更好的知识“共享”模式

虽然并不是每个知本家都需要在知识付费领域创业，但是不可否认它成就了一大批知本家。

如新世相的“同事们都怕你上的职场课”系列课程售价100元，销售预估8万份；“樊登读书会”，靠着接地气的城市代理人打法，短短一年做到近4亿元营收，获得400多万名用户……

这些惊人的成绩一方面体现了知识付费行业的繁荣和广大的市场需求，另一方面见证了知本家的成功方式。

那么，知识付费这条路该如何走呢？做好知识付费，应注意以下几点（见图8-2）。

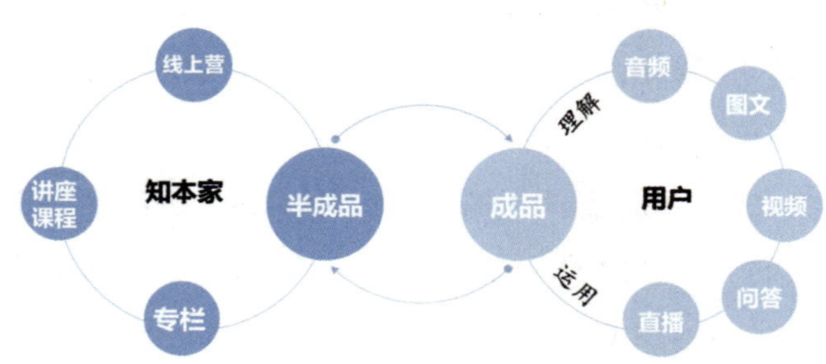

图8-2　做好知识付费要点

1. 选好知识付费形态

从2016年知识付费的爆发，到2018年的持续升温，知识付费表现出四种形态特征：全年专栏、小专栏、讲座课程、线上营。

不管是全年专栏还是小专栏，其核心竞争力是持续输出优质的行业内容，需要具备完整、系统的行业知识体系和强悍的趋势预判、解读能力，需要耗费长期的时间和精力；讲座课程，注重的是专题打造，需要敏锐的潮流洞察力，时间上较为灵活，可间断性操作；线上营，侧重的是互动性、实效性，即充分赋予用户参与感，能够让他们快速掌握知识、运用知识。

大家可以根据其不同的特征和自身的实际条件进行针对性打造。但是，真正吸引用户的，更具影响力的是专栏，它是一个个人平台的强背书，如果时间精力和个人条件允许，专栏会是更好的选择。

2. 打造优秀半成品

用户购买一门课程，只有读了，理解了，它才会变成产品；用户购买一次咨询服务，不管咨询顾问如何调研、总结分析、给出解决方案，只有用户落实了，看到与假设相同或不同的结果，它才变成成品……

我们可以发现，互联网时代的信息和知识产品有一个共同的特征：用户拿到的其实都是半成品，只有他们自己解读了，反馈了，实践了，它才能变成成品。这个论断，让过去关于产品的很多前提、方法都失效了。

比如，以前做产品都在强调以用户为中心，但是过去以用户为中心代表着开发团队要做用户调研、用户画像，要洞察用户需求，要根据用户反馈进行调整，其实依然是将产品与用户分开的。但是打造知识产品，必须真的以用户为中心，开发团队交给用户的是一个半成品，要设想好用户将采取怎样的动作，把这个半成品变成成品，我们不能将用户简单地看成购买产品或服务的消费者，而是要把他们当作一起创造最终产品的伙伴。这时，我们才真正地把产品和用户融为一体。

所以做知识产品，其实是对半成品的打磨：

我们要尽可能地给用户提供一个优秀的半成品，把用户也当作“创造者”。

我们要在完成与未完成之间找到合适的分隔线，避免带给用户困扰。

要让产品更好地融入用户的生活、事业中。

要帮助用户更好地进行消化、吸收、运用。

3. 多形式呈现内容

罗辑思维推出图书视频解读、精读电子书、每日听书的音频解读；熊猫书院推出的读书服务是把图书拆解，变成一组卡片，用伙伴共读的形式，让人在10个月里每周读完一本书……知识产品的呈现形式越来越多元化，不拘一格。

目前知识产品的呈现形式主要有以下几种：

音频分享，其特点是场景适用性强，上下班、做家务、开车等场景中都可以学，帮助用户充分利用碎片时间。

图文形式，充分调动了用户的视觉和思考能力来进行学习，是比较主流的付费内容呈现形式。

“直播 + 在线互动”形式，这是大热的内容呈现形式，既是一种答疑互动的环节，也有益于提升用户的黏性。

视频录播，与音频相比能够承载的信息和内容更加充沛，同时可增强趣味性。

付费活动，除了嘉宾分享本身给用户带来价值外，也是拓展人脉快速熟悉某一圈子的有效途径。

付费问答，更为个性化的知识服务，如心理咨询师约谈等，随着人们生活水平的提升，这一形式的普及度会越来越高。

互联网知识经济不仅是“读万卷书，行万里路”，更是信息、思维、创新、分享合为一体的新知识态势，没有一个知本家能够绕开、旁观。

第九章

知商维权

——守护智慧果实

人类的聪明才智是一切艺术成果和发明成果的源泉；这些成果是人们美好生活的保证；国家的职责就是要保证坚持不懈保护艺术和发明。

——阿帕德·鲍格胥

知本家的优势在于拥有知识和技能，知本家核心的竞争优势在于知识产权，保护知识产权就是保护自己的创新力、创造力。在知识经济时代，善于经营知识产权的企业将会成功，而不善于经营知识产权的企业将被淘汰。

01

知本家与知商“一墙之隔”

今天，很多企业注重品牌化发展，随着知识经济的进一步发展，越来越多的企业开始握有核心技术、核心知识，这些逐渐成为企业自身的核心竞争优势。如何保护这些核心竞争优势，也成了非常重要的问题，于是一群人和一个新业态诞生了——知商和知商生态圈。

知商崛起

中国市场经济起步较晚，却快速进入了互联网经济时代，这令很多企业将更多的注意力放在了销售额和流量上，虽然现在很多企业也非常注意品牌化发展，但不可否认，一些企业的知识产权意识依旧淡薄，互联网创业大潮滚滚而来，那些缺乏知识产权的产品绝大部分处在“生死边缘”。互联网创业，特别是电商领域，并没有诞生多少拥有核心竞争力、品牌知名度高的企业。

中国技术正在迅速发展，正在世界崭露头角。如果不能打造以知识产权为中心的核心竞争力，便无法掌握定价权，无法保证企业良性发展。所以，知商和知商生态圈将变得越来越重要。

那么，什么是知商？什么是知商生态圈？

知商，指全社会所有创造、保护、运营、投资、服务知识产权与知识产权成果的企业和个人。

知商生态圈，指政府、金融机构、投资机构、高校、科研院所、专业服务机构等元素汇聚在一起，形成的多点连接、共创共享的生态圈。

知商和知商生态圈概念提出的意义在于：放弃传统的以订单、销售额等资源要素驱动企业发展的模式，采用以知识产权为核心要素的创新驱动发展新模式，从而给传统企业转型升级提供真正可行的、长效的发展路径和标准，让社会形成尊重知识产权、保护创新的氛围，从而打造中国企业自身的竞争力。

而知本家与一般的创业人士不同，本身凭借着自身的知识和技术创业，知识产权便是其核心的竞争力，其创业成果也更需要社会的尊重和保护，同时知本家与知本家之间需要信息互通、技术合作，因此，知商与知商生态圈是知本家必须了解的新领域。

让知识产权流动起来

2017 年，一场中国经济与知商领域极具影响力的国际性高端论坛——汇桔网 2017 双 12 知商节国际知商高峰论坛在广州开幕，论坛以高端性、思想性、创新性著称，受到了社会各界的广泛关注。

也许你还不知道它，但是中国知商群体已经崛起，一方面，他们形成了完善的业务体系，正在带来更好的尊重、保护知识产权的方法和氛围；另一方面，他们让越来越多的人感受到知识产权的价值，并愿意投资一系列创新行为，一种新发展态势正在形成，得以让我们的知识产权流动起来。知商的职能与发展态势如图 9-1 所示。

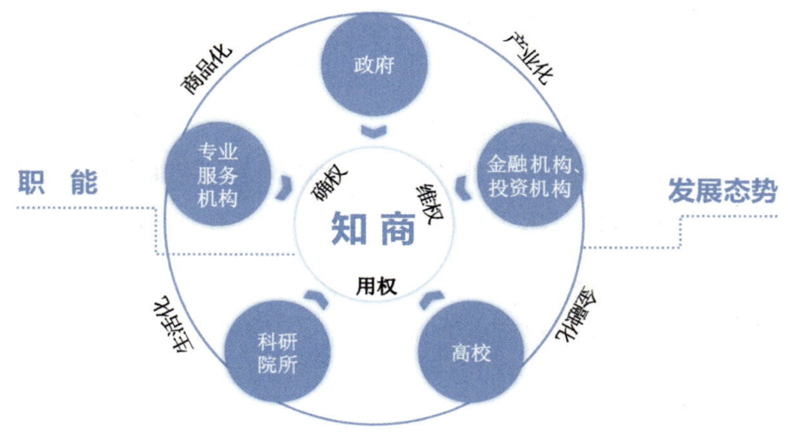

图9-1 知商的职能与发展态势

1. 知商业务体系

虽然今天我国的知识产权保护有长足进步，但是相对于发达国家，显然还有一些差距。然而，困难有多大，潜在的商业机会就会有多大，这对一些创业者来说是一个风口。

比如，谢旭辉创办汇桔网，围绕知识产权交易链条，提供知识产权交易服务、知识产权评估服务、知识产权金融服务等创新服务，从 2013 年到 2018 年，实现了 155 倍增长。在网点和人数上排在行业前列。

越来越多创业人士涌入，也逐渐完善了知商的业务体系，以汇桔网为例，知商的业务体系主要包含确权、维权和用权：

确权，商标、专利、版权和涉外等申请注册业务。

维权，咨询、发律师函、维权诉讼、联合地方相关部门打假等业务。

用权，知识产权的授权许可、质押融资、出资及引资等业务。

确权业务是基础，知商们要透彻理解不同国家专利申请政策法规，这会是抢占市场的重要策略；维权业务，在中国企业“走出去”的新形势下，帮助本土企业家应对外国的维权诉讼将成为高增长业务；用权业务，在整个知识产业链中附加值最大、利润率最高，在欧美国家极受重视，目前中国的相关发展还有些滞后。

2. 知商发展态势

随着知商业务体系的日益成熟，知商正在利用产业链闭环思维，逐步整合政府、企业、高校等资源，建立起一套完整的知识产权保护体系。比如汇桔网打造知商生态以及知商金融、汇桔知识产权交易中心等，试图将一个强有力的平台发展成为完善的知识产权产业链及知商生态圈。

这个发展趋势包含以下四个显著特征。

商品化，逐步盘活巨大的世界知识产权资源库，让知识产权像商品一样自由流动。

产业化，将知识产权转化为商业成果，实现商业变现，并成为核心竞争力。

金融化，借助金融操作手段，创新服务形式，如推出金融服务，解决中小企业购买知识产权服务时面临的资金难题；分级授信，给予众筹借贷机会。

生活化，将知识产权真正落地大众生活，这是知识产权事业发展的终极目标。

其实这四个特征也是构建知商生态的具体路径，是对知识产权的“开源化”操作，使得个人、企业原本独有的技术优势逐渐变得透明，虽然可能导致个人、企业打造核心优势变得困难，但是“站在巨人的肩膀”上，能够帮助我们更好地共享技术，缩短技术研发周期，实现跨越式发展，企业也将向先进化、精细化、生态化方向发展。

在知识产权和版权贸易上，广州在全国发展中势头迅猛。国家版权贸易基地（越秀）于 2014 年 2 月 17 日经国家版权局批准，于 2014 年 5 月 28 日正式挂牌成立，是华南地区唯一国家级版权贸易基地。

2018 年 12 月 13 日，由国家版权贸易基地（越秀）承办的 2018 广州文化产业交易会・粤港澳大湾区版权产业创新发展（越秀）峰会在广州举行。2019 年 3 月 21 日下午，中宣部版权管理局局长于慈珂在国家版权贸易基地（越秀）考察调研座谈交流会上表示，要把版权做“大”，做“大”版权。要做有价值的版权，要注重版权的质量，而不仅仅关注版权的登记数量。

知识产权制度以设置使用权限保护创新的做法助推了工业时代的技术创新，但是今天共享经济“人人共享”的模式打破了使用权限，让曾经的产权制度面对应用难、保护难、维权难的局面。然而我相信，知商及知商生态圈的出现，将会有效地打破这一局面，给每一个知本家的发展提供更好、更轻便的保护。

02 给创新加个“软猬甲”

任何的创新都需要尊重、理解和保护。虽然知商的诞生和崛起，在“外部”给了我们一个很好的保护知识产权的途径，但是关键还是在于“内部”，即我们自身保护意识的增强及“系统化”的保护操作，如图 9-2 所示。

图9-2　给创新加个“软猬甲”

业务所及，都有知识产权的影子

做好技术储备和知识产权储备，是应对多边环境变化的极佳策略。对于公司管理者，尤其是一些耕植在文创、互联网等行业的知本家来说，在经营过程中常常会遇到版权、商标、专利等知识产权问题。比如知识付费行业，致命的通病在于侵权现象的泛滥。

链接一切的互联网带给我们极大便利的同时，在一定程度上助长了抄袭之风，网络抄袭成本极其低下，很多时候不过是两个动作——复制、粘贴，或简单的“伪装”，便能轻易地将他人内容占为己有，通过商业手段实现二次变现，同时，海量信息鱼龙混杂，版权所有者很难获知内容是否被侵权，即便获知，一旦打起官司，高昂的诉讼费及漫长的索赔路，也会令其“无力”维权。

而创新性的 IP 内容的打造通常是一个费时费力的过程，版权是内容输出者的命脉，一旦被侵犯，内容输出者的生产积极性便会受到打击，失去创作、创新动力，甚至导致整个行业内容质量下降，最终形成恶性循环，整个行业的发展生态都会遭到破坏。

因此，想要保护自己的成果，知本家要懂得拿起知识产权这件武器。目前有以下几个知识产权内容与知本家的商业行为息息相关：

发明，对产品、方法或其改进提出的技术方案，比如新产品、新技术、改进的生产工艺流程等。

版权，也称著作权，指作者及其他权利人对文学、艺术和科学作品享有的人身权（例如署名权、名誉权）和财产权（授权别人使用以获得收益的权利）的总称。

商标，由文字、图形、字母、数字、三维标记和颜色组合以及上述要素组合构成的，使用在商品或服务项目上，以区别商品或服务不同来源的标记，俗称“牌子”或“某某牌”。

外观设计，对产品的形状、图案或者其结合以及色彩与形状、图案的结合所作出的富有美感并适于工业应用的新设计，比如牛奶的包装盒、饮料瓶等。

实用新型，对产品的形状、构造或者其结合所提出实用的新技术方案，比如一种仪器设备等。

这几项内容会贯穿我们的整个生产、销售流程。

以伊利金典有机奶为例：加工牛奶的工艺可以申请发明专利及作为商业秘密加以保护；加工后的产品包装可以申请外观设计专利和版权登记；产品包装上的商品名称“金典”可以申请商标，同时关于“金典有机奶”的相关设计可以申请版权登记。

业务所及，我们都可以挖掘出知识产权的应用点。只是很多人缺少这方面的意识，往往要等到被山寨、抄袭，痛失用户时才发现。

知识产权系统保护

现在很多创业者、企业家对知识产权的保护意识增强了，但不得其道、不解其法，只是迫于证件申请的硬性规定，简单地理解为商标注册、专利申请，缺乏系统性规划。当然你可以将希望寄托在知商身上，知商也可以为你提供系统性的解决方案，可真正理解自身需求、企业需求、发展进度的非自己莫属，我们自己对其必须有一个全方位的认识，做好保护规划。

那么要如何做呢？

1. 合理安排知识产权申请进度

每一项的申请内容诞生顺序、时间、作用不同，且都有不同申请期限。

一般的做法是：

作品名称、Logo 应该尽快注册商标，不用等全部创作完成再申请，以免被他人抢注。比如电影、动漫、游戏、新产品、新品牌、小说等名称，产品或作品中经常用到的关键词、技能（如降龙十八掌）等比较有代表性和场景性的名称，都要尽快注册。

域名，需要在产品上线前尽快申请，最好能防御性地将后缀为“.com”“.net”“.cn”等的域名全部购买下来。

产品包装设计定稿后尽可能快地申请外观专利，无须等样品出来再申请。一般外观专利应该赶在产品上线及宣传推广前就申请，否则不能再获得授权。

自主开发或委托开发的作品，完成创作后应在公开发表前进行版权登记。在创作作品的过程中，要注意保留创作的证据，以证明进行创作的时间和事实。

可申请发明专利的技术方案，在确定发明构思后即可申请，但是以结果为导向的技术方案，则应该根据产业化进度，进行专利时间的安排，此类专利的申请往往耗时比较长。

任何的申请都可以理解为“唯快不破”，以免被人抢先，不得不花费时间和精力进行维权。

2. 进行“IP 风险”排查

相信不少做过网站、自媒体的人都曾收到过某些图片网站、字体创作公司的律师函。比如，2016 年曾有报道称天猫某旗舰店就收到过方正字体的侵权告知书，被告知未经方正授权的情况下使用了正卡通简体、方正兰亭中粗黑简体等 9 款字体，被索赔百万元。

为了避免此类的纠纷，我们应该提前做好“IP 风险”排查，以免发生侵权纠纷。否则不但要花费人力、财力处理，辛辛苦苦孵化出来的品牌或产品还不得不面临更换或下架的风险。

那么，该如何排查呢？

检查商品名称是否侵犯他人商标权，在构思商品名称时，应该进行商标检索，选择没有侵权风险的名称，并尽快申请注册，如他人已注册，则更换，或与商标权人洽谈购买、许可事宜。

检查产品包装、详情页、对外宣传内容所涉及的字体、图片、照片是否侵犯他人著作权，具体需要检查所有图片是否为原创，或已经获得相应授权，所使用的字体是免费商用字体，还是需要购买授权的字体。

检查商品的使用说明或商品介绍是否侵犯他人著作权，如果说明或者介绍的内容一致或高度类似，则需要进行修改。

关注代理销售的商品是否侵权，在代理的合同中要求供货方保证该商品不存在知识产权风险，如发生侵权纠纷，可要求对方承担由此造成的损失。

任何侵权行为都有可能给我们的企业造成巨大负面影响或损失，必须认真细心对待。

3. 四个步骤进行维权

当知识产权受到侵犯时，我们要尽快采取以下措施进行维权。

获取证据，不管是对方的网站、活动现场还是实体展示，当发现侵权情况时，要截图、拍照保留证据，为了确保证据的效力，建议联系公证处进行取证。

留存对方信息，诉讼或其他手段的维权都需要找到法律上认可的主体，如果是在网上发现侵权行为，则需要查询其经营者信息，如在实体展示中发现侵权，则需要知道主办方信息。

了解对方因侵权获利的情况，侵犯知识产权的赔偿金额是按照你的损失或对方的获利进行计算的，可能你的损失难以量化，但是可以保存对方公开宣称资料或其向有关部门备案文件中的利润数据，作为赔偿金额的参考。

要求赔偿，你可以向对方要求“立即停止侵权，并赔偿损失”，具体做法为与对方协商、发送公函或律师函、直接向法院提起诉讼等。

4. 激发知识产权创造力

知识产权是我们的核心竞争力，其背后更是无限的创造力。

如最初以动画制作为主要业务的迪士尼，通过对 IP 的衍生品运营，将业务拓展到了电影、主题公园、互动娱乐、消费品等领域。2017 财年迪士尼公布财报实现营业收入 551.37 亿美元，超过了 BAT 收入的总和。

因此我们在做好知识产权保护的同时，更应该做到 IP 化开发、发展，充分激发出我们的创造力和创新力。

至于如何 IP 化发展，前文中已做了详细描述，这里不再赘述。只是提醒大家不要忽视了政府的力量：

你可以将专利、商标、版权、商业秘密等通过质押融资的方式申请银行贷款，一些地方政府还会提供知识产权质押融资的贴息补助和担保。

优秀的知识产权还可以申请国家奖励项目，如中关村园区的专利资助和奖励等项目。

在国家鼓励创新、创业的形势下，知本家更容易激发出知识产权的创造力，实现自己的创业梦想。

03

专利不容忽视

一件东西想要凸显其价值，必然要通过社会产生一定的影响力，而专利技术不仅可以存在于各行各业（不是单独一个行业独有），更是应用广泛，能够作用在我们生活中的方方面面，它是人类进步的产物。

专利的三大“衍生”魅力

前文的内容虽然涉及专利，但是我还是想单独拿出一节来讲它，因为专利对大家来说意义重大，除了保护创新，它还有以下几个作用：

抢占市场；

直接获利；

个人“背书”。

可能很多人觉得抢占市场靠的是高质量的产品和服务，商标、专利这些并不特别重要。但是对知本家来说，专利的实质是用技术公开换取国家的保护，能够更好地抢占市场，获得经济效益。

根据国家法律规定，任何人或任何机构想要使用一项专利，都必须得到专利所有权的许可，并支付协商好的专利费，否则就构成侵权。也就是说，当你把专利拿到手，即便现在不开发成产品，但是任何想要开发此类产品的公司和个人都无法绕过你，你始终掌握着主动权。而国家在专利方面的法律远比商标、版权等更为完善，对侵权行为有着更为明确的界定。你可以更好地保护自己的知识产权。

至于个人“背书”，专利在个人评职称、企业上报项目、评奖时都具有有效性，对个人来说，某种程度上拥有专利数越多就代表研发创造能力越强，能够赢得更多的声誉，促进个人发展。当然，如果一家企业能够拥有更多的专利，就代表着具有更强的创新能力，更容易赢得用户信任。

另外，如果要申报国家或地方高新技术企业，根据《高新技术企业认定管理工作指引》的相关规定，核心自主知识产权是首要的评分指标。

规定的核心自主知识产权包括：发明、实用新型，以及非简单改变产品图案和形状的外观设计（主要是指运用科学和工程技术的方法，经过研究与开发过程得到的外观设计）、软件著作权、集成电路布图设计专有权、植物新品种。

高新技术企业认定所指的核心自主知识产权须在中国境内注册，或享有五年以上的全球范围内独占许可权利（高新技术企业的有效期应在五年以上的独占许可期内），并在中国法律的有效保护期内。

因此，拥有专利对知本家来说能够做的事情很多，但我们不能将目光仅仅锁定在创新保护上（虽然这也很重要），而是要将眼光放长远，不管是个人还是企业要多多申请专利。

知本家专利申请“前提”

马克思曾表示：瓦特的伟大天才表现在 1784 年 4 月他所取得的专利的说明书中，他没有把自己的蒸汽机说成是一种用于特殊目的的发明，而把它说成是大工业普遍应用的发动机。

除了明确专利的申请流程和专利代理（知商），大家还要注意以下三点，将其作为申请“前提”，将极大提高申请的成功率，拓宽专利所能应用的范围，扩大其影响力。

1. 明确可申请内容

专利是由国家专利主管机关依据专利法授予申请人的一种实施其发明创造的专有权。需要指出的是发明不同于发现。

发现是揭示自然界已经存在的但是尚未被人们所认识的自然规律和本质，而发明创造则是运用自然规律或本质去解决具体问题的技术方案。比如，发现青霉素不能申请专利，因为它是自然存在的，但是提纯青霉素的方法就可以申请专利。

具体来说，专利法中的发明创造包含两大内容。

产品发明，通过研究开发出来的关于各种新产品、新材料、新物质等的技术方案，主要包括制造品，如机器、设备以及各种用品材料，如化学物质、组合物等具有新用途的产品。

方法发明，为制造产品或解决某个技术课题而研究开发出来的操作方法、制造方法以及工艺流程等技术方案。主要包括制造方法，即制造特定产品的方法；其他方法，如测量方法、分析方法、通信方法等；产品的新用途等。

以下情况不授予专利：

科学发现，例如对自然现象、社会现象及其规律的发现；

智力活动的规则和方法，如训练方法、游戏方案等；

疾病的诊断和治疗方法；

动物和植物的品种；

用原子核变换方法获得的物质。

2. 明确专利权人享有的权利

根据专利法的规定，专利权人享有以下各项权利：

实施其专利的权利；

允许其他单位和个人实施其专利的权利；

有权要求侵权者停止侵权行为并获得赔偿的权利；

转让其专利的权利；

放弃其专利的权利；

在专利产品或者该产品包装上标明专利标记和专利号的权利。

3. 懂得规避专利重复

专利授权时有实质性条件，即新颖性、创造性和实用性。而重复的发明创造已经缺乏新颖性。

禁止重复授权原则是各国专利制度的基本原则，目前世界上有两种做法：

一种方式是先发明原则，谁先完成发明，专利权就授予谁。

另一种方式是先申请原则，谁先提出申请，专利权就授予谁。

我国自建立专利制度就采取了先申请原则，我国专利法第九条规定：

同样的发明创造只能授予一项专利权。但是，同一申请人同日对同样的发明创造既申请实用新型专利又申请发明专利，先获得的实用新型专利权尚未终止，且申请人声明放弃该实用新型专利权的，可以授予发明专利权。

两个以上的申请人分别就同样的发明创造申请专利的，专利权授予最先申请人。

也就是说，当国家专利机关在对你的一份申请进行审查的过程中，发现你就同样的发明创造提出的另一份申请已经被授予专利权，尚未授权的申请尽管符合授予专利的其他条件，但你只有两个选择：放弃已经获得的专利权，撤销尚未被授权的申请。如果你在规定期限内不做出选择，申请被视为撤回。

知识经济时代，知识就是生产力，知识就是核心竞争力，知识产权保护始终会是知本家发展的重要保障，希望大家能够重视。

第十章

知本升华

——永远走在时代的前沿

底层的人们乐于相信，等级是由一个人拥有的财富多少来作为标准的；生活在中层的人们承认，金钱与等级差别有关，但一个人所受的教育和从事的工作类型同样重要；接近上层的人们认为品位、价值观、生活格调和行为方式是判断等级身份不可或缺的标准，而对金钱、职业或受教育程度则未加考虑。

——美国文化批评家　保罗·福塞尔《格调》

当全球化程度日益加深，当全世界都在转型时，知本的价值将会扩大化，而知本家要做的则是站得足够高，将自己以及所在的行业置于时代的舞台上；看得足够远，洞察未来十年乃至更长时间的世界发展趋势；想得足够深，思考自己能够为国家乃至全人类带来什么。

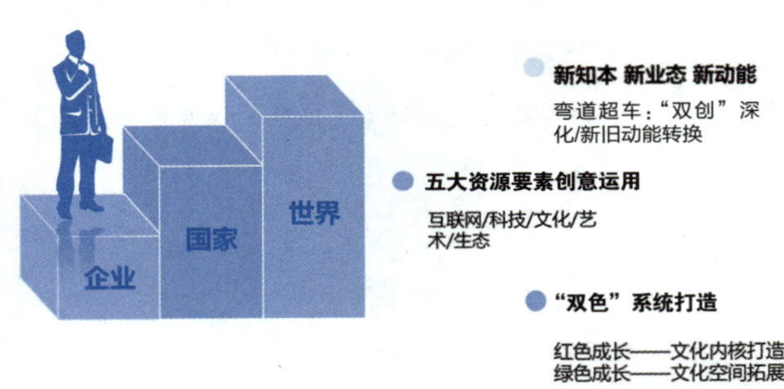

01

知本家三级跳板：企业—国家—世界

商业社会，市场的活力在于企业，更在于企业家，他们是经济活动的重要主体，是商业的灵魂，也是推动经济社会发展的主力军，其魅力不在于今天怎样渡过难关、赚取多少利润，而在于明天能否在市场上、在国际竞争中继续走在前面。

风云人物的时代迭代

在过去几千年的农业文明和游牧文明中，生存是第一要务，一切都是为了获得生存资源，引领时代潮流的是军事家、政治家，他们通过开展军事征服和运用政治智慧，成为英雄、领袖。

人类进入工业文明、商业文明，围绕工商业展开技术实力和创富胆略方面的竞争，企业家成了创造社会财富的主力军。在这个过程中，资本家依靠雄厚的资本实力，运用规模化、机械化生产圈人、圈地，逐步加深社会协作。

20 世纪 90 年代，信息技术革命冲破了国界，使得世界经济日益融为一体，推动了全球生产力的大发展，加速了经济增长，而这更是为少数发展中国家追赶发达国家提供了一个难得的历史机遇，也正是借助这样的机遇，在中国乃至全世界，以创业、创新为核心的互联网精英阶层猛然崛起，成为新一代风云人物，许多人都在讲述比尔·盖茨、乔布斯、马云、马化腾等人物的传奇商业故事，企业家阶层完成了第一次迭代。

现在，随着互联网技术的深入发展，消费升级，商业模式变革，知识、技术不仅成为重要的生产要素，更是可以在国际社会流动和优化配置，推动世界生产力的发展，企业家阶层也迎来第二次迭代：拥有核心技术、核心知识的知本家，将成为新的风云人物。

同时，经济全球化已经显现出强大的影响力，日益冲击着世界各国的经济、文化等，甚至包括思维方式，任何国家和个人都无法阻挡和回避，唯一的办法就是去适应它，并积极参与其中，在时代浪潮中接受检验。风云人物的时代迭代如图 10-1 所示。

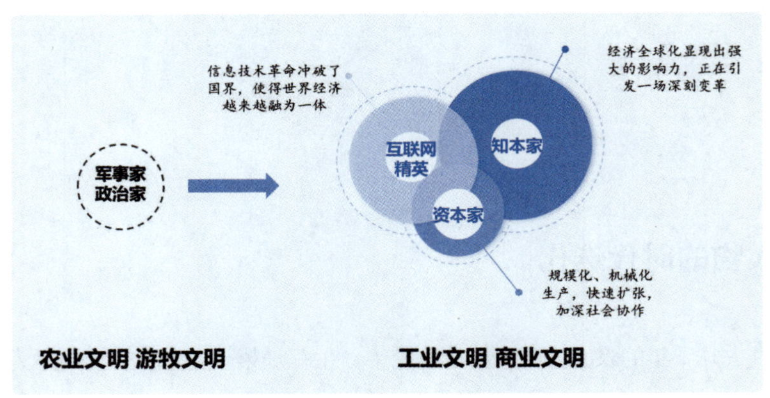

图10-1　风云人物的时代迭代

另外，经济全球化是一把双刃剑，它在推动全球生产力大发展，加速世界经济增长的同时，加剧了国际竞争，由于实力的差距，发达国家和跨国公司将极大获利，而发展中国家所得甚少，差距将被进一步拉大。

所以，知本家作为新一代的潮流阶层，其不应将目光仅停留在自身企业的一时利弊上，而是应放眼整个国家和世界，拥有大格局和大视野。

从世界看中国，从中国看企业

马云曾表示：细节好的人，格局一般都差。对企业家而言，注重细节与兼具胸怀是将企业做好的关键。或许细节能成就一个人或一家企业，但如果没有长远的布局，细节对成功则不再具备推动力。

确实，企业家的格局决定着一个企业的未来，你看到的是全中国，你做的就是全中国的生意；你看到的是全世界，你做的就是全世界的生意。

今天，经济全球化趋势愈演愈烈，且正在向一体化纵深方向发展。如果我们把握得好，这将成为最好的时代。

那么，如何把握这样的时代？如图 10-2 所示。

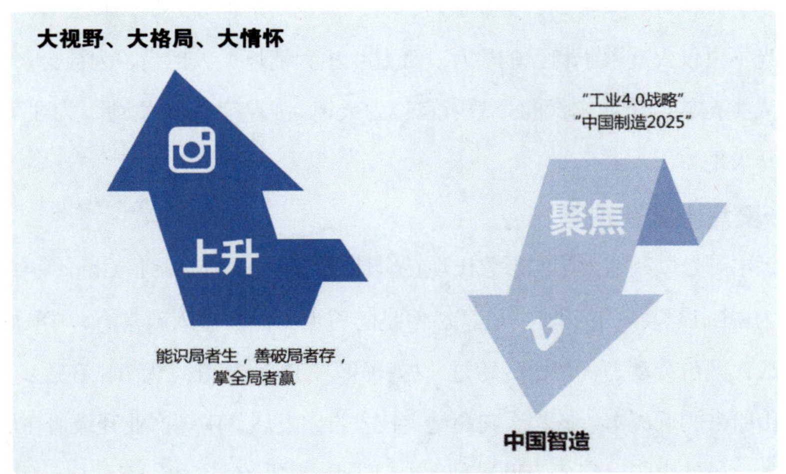

图10-2　如何把握时代

1. 具备大视野、大格局、大情怀

其实行商如下棋，能识局者生，善破局者存，掌全局者赢。只是全球化让今天的这个棋局从国内扩展到世界。企业家作为企业的掌舵者，想要在这个多元的时代，从容应对来自四面八方的挑战，成功识局、破局、掌局，紧跟国际发展趋势，抓住机遇尤为重要，因此我们要具备大视野、大格局和大情怀：

大视野，就是能够看到国际经济、行业、技术的变化以及发展趋势。

大格局，从世界看中国，从中国看企业，牢牢立足大环境进行商业布局。

大情怀，守住底线，净化商业生态。

企业能走多远，取决于企业家能够看多远，能看到未来多少年的变化趋势。而这个变化是多方面的，除了自身行业的变化外，还有经济领域的变化、技术领域的变化。因此，不要将眼光局限于眼前的一事一物，应以国家乃至全球为界，积极了解各种发展趋势。

看清世界大势后，便要进行大布局，将自己的企业置于整个国家、世界之中，认清行业对国家发展的重要性和主要助力在哪里，是否在世界范围中占据优势，并以此为依据，进行商业模式的设计和市场规划，牢牢把握企业发展大方向。

拥有了大视野、大格局，企业家对自身、商业乃至世界的认知将会有一个质的变化，眼光不再仅仅局限于自己的生存，而是生出大情怀、大担当，为社会、为国家乃至为全人类奋斗。正如宋代的张载所言：为天地立心，为生民立命，为往圣继绝学，为万世开太平。

2. 聚焦中国智造

曾经中国是以制造大国的形象出现在全球视野中的，“Made in China（中国制造）”一度成为中国最显眼的商业“代言”。但是随着世界经济进入新常态，中国制造面临着新挑战：廉价劳动力优势已经跨过“抛物线”的顶点，且此优势正在逐步丧失，全球制造由原来的低成本、低档次向高精尖技术方向发展，中国产业升级迫在眉睫。

另外，虽然中国已经成为世界最大出口国和第二大经济体，但是缺乏拥有自主知识产权、具有竞争力的国际品牌和世界级企业。当今的中国正在由曾经的“中国制造”向“中国智造”转变，并提出了“中国制造 2025”。

事实上，不仅中国提出了“中国制造 2025”的宏大计划，美、日、德、英、韩等国也提出了相应的国家战略，如 2013 年德国的“工业 4.0”战略。当然“中国制造 2050”不是照搬德国“工业 4.0”战略，而是中国国情下的特有产物：德国“工业 4.0”战略更加关注工业生产方式的质变，中国则是希望通过“互联网 +”实现结构的变化和产量的增加。所以，2017 年政府工作报告表示要“加快大数据、云计算、物联网应用”，“把发展智能制造作为主攻方向”。确实，中国工业需要补课，互联网乃至物联网恰恰是帮助我国达到世界工业先进水平的有效手段。

我们相信，在“中国制造 2025”的带动下，中国制造业的发展速度和质量必将显著提升，为全球经济稳定和增长提供持续强大的动力。在这样的形势下，掌握知识和技术的知本家不仅会拥有非常好的发展大环境，更会是未来“中国智造”的核心力量。

所以，未来知本家不仅是企业家，也会是民族力量的象征。十八大提出要倡导人类命运共同体意识，知本家更会是打造人类命运共同体的实践者。

02

新知本、新业态、新动能

世界经济正在经历着马太效应，而中国正在弯道超车。机遇与挑战并存，想要真正超车成功，需要新知本、新业态和新动能的加持。

中国弯道超车的能量与挑战

200 多年前，工业革命如火如荼，如今，面对中国科学技术和互联网技术的发展、运用，“双创”的刺激和影响，我们也不禁会问，40 年前，谁能料想到中国蕴藏着这样的生产力呢？

从 2010 年到 2017 年，全球经济 15 强里面，经济实力相对增幅较大的五个国家分别是：中国 98.07%，印度 52.87%，韩国 40.46%，美国 29.58%，澳大利亚 10.4%。在此期间，全球经济增加的总量中，中国占全球 42.63%，美国占全球 31.72%，全球第三的印度只有 6.47%，远远不能和中国、美国比。

虽然数据很惊喜，但是我们依然不能忽视这样一个现实——一方面中国创新运用互联网弯道超车初显成效，另一方面中国的弯道超车面临着重大挑战，因此有两个至关重要的战略任务：

一是“双创”深化；

二是新旧动能转换。

这两个战略任务落实在知本家身上便是新知本、新业态和新动能的创新发展。

新经济时代的三个新趋势

党的十九大报告指出：加快建设制造强国，加快发展先进制造业，推动互联网、大数据、人工智能和实体经济深度融合，在中高端消费、创新引领、绿色低碳、共享经济、现代供应链、人力资本服务等领域培育新增长点、形成新动能。支持传统产业优化升级，加快发展现代服务业，瞄准国际标准提高水平。促进我国产业迈向全球价值链中高端，培育若干世界级先进制造业集群。

可见，当今时代的商业逻辑悄然改变，中国进入新经济时代，在这样的时代中，新知本、新业态、新动能已成为新的趋势。中国想要弯道超车，就要以此为抓手，进行“双创”深化、新旧动能转换（见图 10-3）。

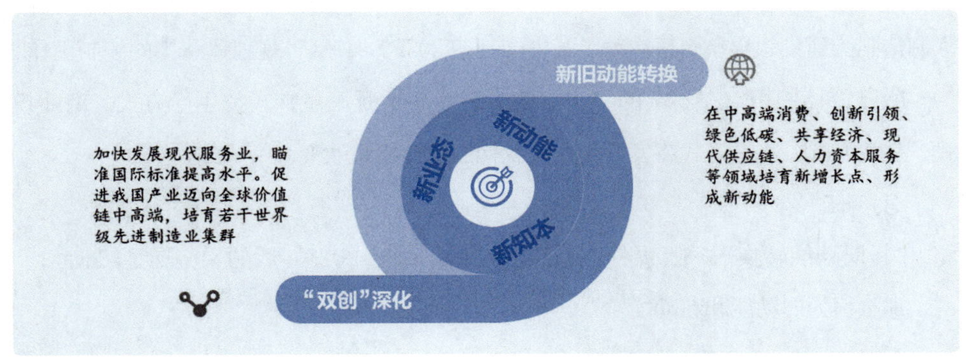

图10-3 中国弯道超车策略

1. 新知本

何谓新知本？

随着时代不断发展变化，知本范围将不仅仅局限于具体某方面的知识或技能，知本将扩充到互联网、经济、科技、文化乃至生态，新的知本矩阵形成。

2. 新业态

放眼国内外，正在酝酿的科技变革和产业变革已经出现了一些新的特点：

太空互联网、工业互联网、能源互联网、物联网等网络形态不断涌现。

智能生活、智慧城市、智慧地球，正在形成无时无处不在的信息网络环境。

人类开始迈向新的智能时代。

同时，中国经济发展呈现出了新变化：

速度——从高速增长转为中高速增长；

结构——经济结构不断优化升级；

动力——从要素驱动、投资驱动转向创新驱动。

一方面，中国正在经历从“中国制造”迈向“精品制造”的浪潮，以便解决国内消费升级与供给不匹配的问题；另一方面，技术进步，如高铁、电商、移动支付、共享单车，正在催动着中国经济结构在创新中转型升级，新零售、大数据、人工智能、新能源、新制造等领域的新技术还将不断激发新需求、新业态以及新企业。实体产业转型升级将明显加速，着力突破制造业发展的瓶颈和短板，抢占未来竞争制高点，国家制造强国建设领导小组还启动了《中国制造 2025》“1+X”规划体系[1]的编制工作。

所以，我们相信在不久的将来，随着新业态不断诞生，人类生产方式、商业模式、生活方式、思维方式将发生变化，我们的世界将被改变。

3. 新动能

“新旧动能转换”，成为继“新常态”“中国制造 2025”后的又一转型热词。

那么何为旧动能和新动能？

---

[1]《中国制造2025》“1+X”规划体系：“1”是指《中国制造2025》，“X”是指11个配套的实施指南、行动指南和发展规划指南，包括国家制造业创新中心建设、工业强基、智能制造、绿色制造、高端装备创新等5大工程实施指南，发展服务型制造和装备制造业质量品牌2个专项行动指南，以及新材料、信息产业、医药工业和制造业人才4个发展规划指南。目前均已发布实施。

所谓旧动能，是指传统动能，不仅涉及高耗能、高污染的制造业，还更宽泛地覆盖利用传统经营模式经营的第一、第二、第三产业。

所谓新动能，是指新一轮科技革命和产业变革中形成的经济社会发展新动力，新技术、新产业、新业态、新模式等都属于新动能。

以第二产业新旧动能转换为例，从能源利用上看，旧动能是以石油、煤炭等矿物能源粗放利用为主导，而新动能则是将这些矿物能源精细化利用，或开发新能源如风能、太阳能等；从生产工艺上看，旧动能是以机械化为主导，新动能则是以高度网络化、人工智能为主导；从生产模式上看，旧动能遵循“资源—产品—废物”的单项生产方式，新动能则遵循“资源—产品—废物—再生资源—再生产品”的循环式生产方式……

当然，新动能和旧动能之间是相对的、动态的转换关系，旧动能经过升级改造可以变成新动能，而随着技术的革新，新动能也会衰落为旧动能，因此要以发展的眼光来审视新旧动能之间的关系，挖掘出其中蕴藏的新的生命力，并根据技术前沿调整方向。

知本家作为中国的新兴群体，未来将成为中国经济发展的中流砥柱，在新局面面前，要敢为人先，敢于挑战，洞察全局，把握规律，打破常规，突破现状，用新事物、新思维和新技术手段，实现中国经济发展新突破。

03

五大资源要素创意运用

如果说传统资源要素融合曾创造了人类工业的辉煌，新一代的资源要素互联网、科技、文化、艺术和生态，无论是在融合的广度还是深度上都更胜一筹，更是进一步打开了人类生产和生活资源、环境、市场的新空间，从而把人类生存方式和生活方式提升到了一个新阶段。

新一代重要资源要素诞生

20 世纪 60 年代，金融崛起，纽约湾区以金融服务业为主，坐落了 56 家世界 500 强企业总部。

20 世纪 80 年代，日本在大进口基础之上以先进制造业为主，东京湾崛起，GDP 占日本全国 GDP 总量的 1/3。

20 世纪 90 年代，互联网崛起，多家顶级科技技术公司落户硅谷，旧金山湾区以高新科技创新产业闻名。

21 世纪初，中国以自由贸易和全球化为前提布局制造业，中国诞生了一个世界级大湾区——粤港澳大湾区，未来中国的制造业特别是高端制造业，会更加向这一区域集中。

世界经济格局的每一次调整都会催生一个世界经济湾区，而每一个经济湾区的诞生都有着独特的资源优势驱动，有的是行业资源，有的是人口资源，有的是技术资源……

人类社会发展到今天，资源匮乏、环境污染、市场饱和、工业危机等无时无刻不制约各国经济发展，加之世界主要发达国家的经济重心也在转向服务业，产业结构呈现出从“工业型经济”向“服务型经济”转型的趋势，形成了以服务业为主的“三二一”经济结构。也就是说，产业结构的排序为第三产业、第二产业、第一产业；第三产业具有较高的附加值，并对第一产业、第二产业产生巨大的整合功能；而现在第三产业在 GDP 中的占比已经成为判断一国经济发达与否的一个重要指标。

在这样的形势下，中国将通过以下三个动作打造新的经济增长点：

一是通过新动能的增量弥补传统动能的减弱；

二是通过“双创”“互联网 +”等创造出新的业态和模式来改造传统动能；

三是通过商业生态、环境生态、社会生态等生态建设创造“战略纵深”。

于是，新一代重要资源要素诞生，它们是互联网、科技、文化、艺术和生态，知本家的“历史使命”便是创意运用这五大资源要素，打造新的商业体系。

来自“三个理论”的启示

很多人已经敏锐地意识到新资源要素对新经济的巨大作用，也纷纷研究、挖掘新的机遇，为此有人将我国目前的经济状态称为新经济，并归纳了“三个理论”：爆发式成长论、机会论、生态论。

爆发式成长论，认为在新经济时代，创业企业呈现非线性发展特点。

机会论，认为过去产业选择是一个分析过程，现在是动态把握机会，用爆发式成长来倒逼企业的生态建设过程。

生态论，认为新经济的发展离不开创新主体，并要让这些创新要素流动起来，形成一个生态系统。

不得不承认这“三个理论”的洞见性，它们不仅对我们产业选择有启示意义，更是对我们运用五大资源要素有着深刻的启发意义，如图 10-4 所示。

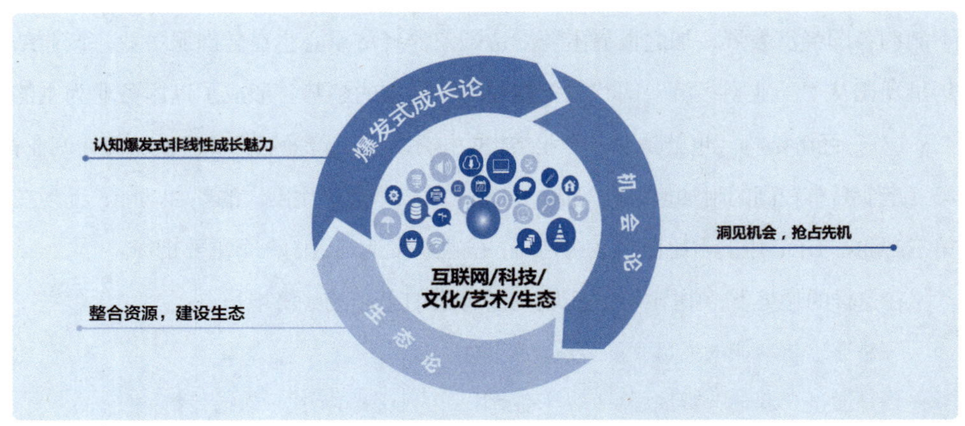

图10-4 “三个理论”对运用五大资源要素的启发

1. 认知爆发式非线性成长魅力

创新创业生态系统形成后，一旦越过发展的“奇点”会呈现出爆发式增长。如这些年大热的大数据产业、人工智能产业、生命技术和生命科学产业等都相当典型，很多企业才成立一两年就完成了上市，甚至有的创新企业成立当年利润就超过了 1 亿元。

这类企业有什么特点呢？

对传统企业来说，只要市场供需不发生重大改变，其利润都能够维持在一个相对可预期的线性变化范围中。但是今天的创业企业，特别是互联网、高新技术等创新型企业，由于适应市场的新需求或改变了原有的市场结构，容易形成爆发式增长。

比如，在纳斯达克上市的百度，当其搜索服务模式得到市场认可后，每年的净利润便以极快的速度增长。

因此在创新应用五大资源要素时，我们先要充分认识当前创业企业这种爆发式非线性成长的魅力，从目前爆发式成长的企业中，明确促使其爆发成长的核心要素（目前科技这个资源要素最为突出），在创业之初做好选择，戒骄戒躁，耐心等待爆发契机。

2. 洞见机会，抢占先机

全球化已经进入一个全新的阶段，外部环境的变化速度极快，抓住机会是当下创业企业获得爆发式成长的核心。今天，抢占先机就是创新创业企业的重要特征。

比如，武汉直播独角兽斗鱼的出现代表着跨界在直播领域展开，武汉便抓住机会，在互联网技术的基础上，融合独特的游戏文化要素，顺势而为打造了直播产业链。

当然，机会不是研究得来的，而是通过判断洞见来的。美国硅谷孵化器 GSVLabs 负责人马龙・埃文斯表示：硅谷孵化器重要的工作就是帮助创业者培养洞见能力。一个有洞见能力的创业者，能看到未来 5 年乃至更长时间的有效机会，能够引领变革，成为创新者。

因此想要抓住机会，我们不但要懂得微观，还要懂得中观和宏观：

微观，明确自身企业的核心优势所在；

中观，明确整个行业的发展潜力，预判发展大方向；

宏观，结合大政方针、客观规律、习俗习惯等，判断国内外发展新形势。

因此，一旦有机会在某个风口撕开一个口子，就要懂得以自身优势资源要素为基础，快速融合其他资源要素，比如融合互联网、艺术、文化要素对娱乐产业进行泛娱乐化和 IP 化，并完成互联网娱乐生态建设。

3. 整合资源，建设生态

很长一段时间以来，经济的发展来自垂直分工不断深化，特别是经济全球化后产业链被分解。但是我们不能忽视平台型、共享型企业的发展，平台经济和共享经济对大家来说也并不陌生，它们在现今的商业中爆发出极大的发展潜力，而其发展的关键是资源整合，搭建完整的系统。

比如，小米科技、京东等企业都是当今非线性成长的典型代表，它们短时间内快速发展成为独角兽企业，涵盖了电商、智能软件 / 硬件、大数据、云计算、娱乐等领域，呈现出四大特征：自成长、平台化、跨界、创新生态圈。

其实，不管是平台经济、共享经济、生态经济还是其他形态的经济，在以用户为中心的商业浪潮中，生态建设都会是企业发展的长远甚至终极目标，不仅能够有效地吸引更多的用户，更可以牢牢抓住用户形成一个闭环式的资源、生产自循环系统。

那么，如何进行生态建设呢？将五大资源要素进行有效整合：

互联网，是生态建设的渠道、路径基础，利用互联网搭建生态框架；

科技，是生态建设的技术基础或核心要素，也会是整个生态的竞争优势所在；

文化，是生态建设的灵魂，能让整个生态更具人情味和人格魅力；

艺术，或成为生态建设的一个重要内容，或成为生态的“化妆师”，艺术性的设计、宣传让生态更具美感，更符合当今用户的审美；

生态，当生态建成时，生态本身便会成为企业重要的资源要素之一，企业可利用自身的小生态系统整合更多的社会、企业资源，拓展生态发展空间，形成更为完善的大生态系统。

现在新的经济发展态势还在发酵之中，这个世界还有很多领域有待开发，还有更多的人会在新形势中受益，互联网、科技、文化、艺术、生态将会成为驱动全球经济的新引擎，而这些也都与知本家息息相关，甚至知本家本身在这些方面具备优势，加强对这五大资源要素的创新运用，知本家未来一定能够大有所为。

04

“双色”系统打造

拥有广阔的视野，以不凡的品质、格调为生活哲学，以发展眼光、格局、文化为商业哲学，知本家的生活、经商理念正在催生富有活力的新阶层行为模式。

从曾经的1200元投资说起

20世纪70年代，1200元是一笔巨款，关于这笔巨款的使用，不同的人有不同的选择：存进银行，可得到1千多元的利息；买近代大师的精品书画，现在其市值上亿；盖几间房，不论在哪个城市其价值都是百万、千万级别的……40多年过去后，曾经的购买选择孰优孰劣一目了然。

那么，为什么同一时期不同的人做出的选择会如此不同呢？因为个体的认知和价值观不一样。

根据马斯洛的需求层次理论，动机是由多种不同层次需求组成的，人的需求分为五个层次，分别为：生理需求、安全需求、社交需求、尊重需求、自我实现需求。前四个需求是缺乏型需求，人也只有在满足了这些需求之后才能感到基本舒适。而自我实现需求则是成长型需求，它主要是个体的成长与发展需求。

当今的中国，知本家是站在需求层次顶端的人，他们的生活、行商跳脱出缺乏型需求，更为关注的是自我的成长及长远发展。当然，这种跳脱也并不容易，其本质是对文化内涵的深刻理解、品读和运用。好比你可以买一件古董，但是为了看懂它你要付出长时间的努力，表面上你做这件具体的事花不了太多钱，但是想要成为一个知道这么做的人，就可能非常花钱、花时间。

其实，对今天的大家来说，知本家和中等收入者的生活差别并不大，真正的差别是知本家更能提升自己的需求层次。

所以，知本家并非单纯物质生活富裕的群体，他们是追求生活和事业品质的群体，需要用文化的外衣和内核，对自身进行“染色”、升级。

知本家的“双色”系统打造

知本家具有一些文化品质特征：注重文化内涵，讲究长远的格局布置。而这就是知本家的“双色”系统，如图 10-5 所示。

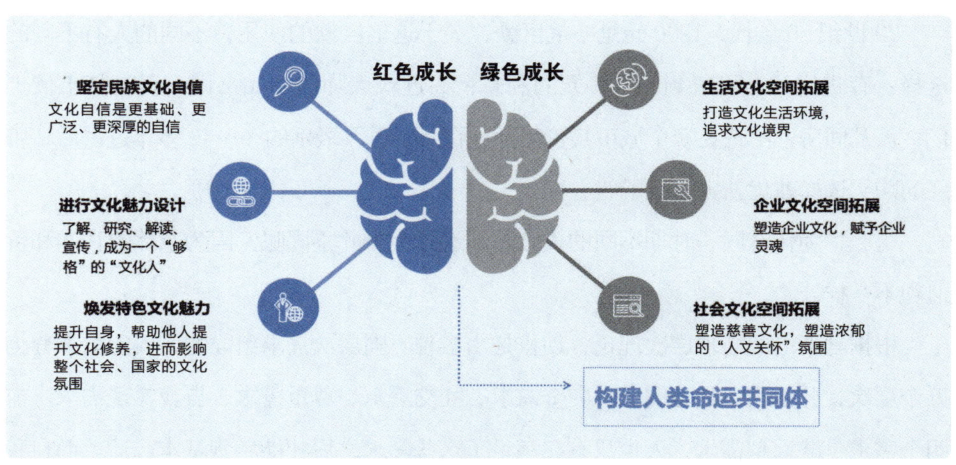

图10-5 知本家的“双色”系统

红色，以优秀传统文化为内涵，注重文化内核的打造，从而极大丰富自身；

绿色，以发展眼光看待，注重商业文化空间的拓展，从而长远发展。

1. 红色成长——文化内核打造

文化变得尤为重要，人们越来越倾向于用文化来定义自己，如创客、极客、“斜杠青年”，随着技术的进步和互联网的高度发展，人们制造了更多的文化产品和文化传播方式，如微课、知识付费平台；文化正在成为消费行为和消费行为的各种不同表达方式的结合体，如购买是消费，关注、转发、评论也是消费。

而中国自身有着非常优秀的独特的传统文化。

世界四大文明古国中，只有中华文明一次次战胜了难关，历经5000多年绵延不绝，创造了人类文明发展史上的奇迹。其中很重要的原因是中华民族产生和形成了被整个民族共同认可、一脉相承且富有强大生命力的优秀传统文化，为自身生生不息、发展壮大提供了丰厚的滋养。

因此，我们完全可以打造独具“中国红”的文化内核，来滋养我们自身：

坚定民族文化自信；

进行文化魅力设计；

焕发特色文化魅力。

在习近平新时代中国特色社会主义思想体系中，文化自信是更基础、更广泛、更深厚的自信，对知本家而言也是如此。

因此我们在文化自信的前提下，可以根据自身的兴趣、需求，从中国优秀传统文化中选取适合的文化内容，或陶冶情操，或提升境界，并努力去了解、研究、解读、宣传，让自己成为一个“文化人”，从而去影响、引领身边的人提升文化修养，进而影响整个社会的文化氛围。

今天，全球化让各种思想文化互相激荡，不同文明之间的交流、交融更为频繁。如何在世界文化激荡中站稳脚跟，这是国家的责任，也是我们每一个人的责任。

2. 绿色成长——文化空间拓展

当我们具备了优秀的文化内核后，接下来该做什么？将其活力释放出来，赋予文化应有的作用和魅力，而这种释放，与我们的活动空间、活动维度息息相关，故我将其称为文化空间拓展，因其具有可持续性、先进性、生态性，它是绿色的。

那么，如何进行文化空间拓展？

生活文化空间拓展——打造文化生活环境，追求文化境界；

企业文化空间拓展——塑造企业文化，赋予企业灵魂；

社会文化空间拓展——塑造慈善文化，塑造浓郁的“人文关怀”氛围；

生活文化空间无须多说，它是知本家品位、品质和身份的象征。

而企业文化空间，它是个人文化的延伸和扩张，是极难被山寨和模仿的。所以，我们会发现，很多企业学习海尔、小米、阿里巴巴，但没有一家成为“海尔第二”“小米第二”“阿里巴巴第二”。因为你可以学来、照搬它们的经营管理模式、流程等，但你无法学来、照搬它们的文化。海尔的文化魅力来自中国本土企业的骄傲和使命；小米的文化魅力来自互联网“发烧”精神；阿里巴巴的文化魅力来自“草根”创业精神。

因此，作为企业领导者，在拓展企业文化空间时，应做到以下三点。

明确三个终极理念——愿景、使命、价值观，用愿景生发感召力，用使命生发驱动力，用价值观生发合力。

赋予品牌文化，从独特的销售主张到情感主张再到品牌文化主张，让品牌成为文化的“实体”，使其传播，成为文化的“载体”。

赋予管理方式文化，从制度管理到文化管理是科学管理的新发展，以文化为基础，强调人的能动作用，强调团队精神和情感管理，管理的重点在于人的思想和观念。

至于社会文化空间，任何个人和企业都无法脱离社会独自存在，对这个社会也都担负着一份责任和使命。如何践行这份责任和使命，除去追求商业价值，更体现在对慈善文化的塑造上。慈善文化的核心是利他主义，所要达到的境界是在全社会塑造浓郁的“人文关怀”氛围，使社会呈现一种稳定和谐的状态。同时，知本家对慈善文化的践行，会是自身及企业文化主张、文化能量、文化境界的一个宣传、释放、彰显渠道。

然而，这样还不够，作为拥有大视野、大格局的新兴阶层，我们眼中所见、心中所想，应该是整个人类的文明发展。

构建人类命运共同体——传达中国声音，体现中国智慧。

人类的世界本就丰富多彩，犹如一个百花齐放的大花园，但是一朵鲜花无法诠释整个花园的绚烂，只有不同的国家、文明竞相展示，又在求同存异中相助相扶，共同发展，人类的文明家园才能更加丰富多彩、充满活力。

所以，在多元多变的当今世界，为了让世界各国在差异中谋共识、在竞争中求共赢，携手共创人类美好未来，中国站在全人类的高度提出了“构建人类命运共同体，实现共赢共享”“世界命运应该由各国共同掌握，国际规则应该由各国共同书写，全球事务应该由各国共同治理，发展成果应该由各国共同分享”。

因此，我们可以看到：

“中国梦”不仅是中国发展之梦，更是世界共同发展之梦；

“一带一路”倡议不是中国一个国家的独唱，而是沿线国家的大合唱；

中国声音、中国方案和中国智慧正得到越来越多国家的理解、支持和响应。

而我们能做的便是以构建人类命运共同体为发展方向，紧紧跟随国家步伐，谋求长远的发展之路，用自己的见识、学识、作为为整个人类社会贡献一份力量。

结语

让中国“软实力”真正有实力

不管是忧还是喜，我们都要看到这样一个事实：以市场换技术、以资金买技术、以挖人才造技术等“买来”“学来”的发展方式遭遇瓶颈，我们要扎扎实实地自己进行开发研究，这是唯一一条不看别人脸色的路。

改革开放以来，中国经济发展有速度，且“大而全”，几乎什么都能生产，产能巨大，但是总体上中国工业缺少核心技术，尤其是原创性技术，比如互联网技术。就像马化腾所说的那般：如果我们不继续在基础研究和关键技术上下苦功，我们的数字经济就是在沙堆上起高楼，难以为继，更谈不上新旧动能转换或者助力高质量发展。

因此，我们的主动权在国内，在创新！改革开放 40 多年来，中国认清了斯密经济学理论指导下的市场经济的重要性，知晓了交易分工的作用，构建了中国特色社会主义市场经济体系；今天，我们开始意识到熊彼特式的创新[1]对于经济、社会发展的重要性。

而今天的中国也完全具备了这样自主创新的能力和世界影响力。因此作为个人，生在这个变革且伟大的时代，要努力成为知本家。

1. 保持学习能力，造就“新企业家精神”

在信息爆炸的时代，信息和技术永远在过时的道路上。人的一生，只有不断掌握并增强自身的学习能力，才能不落后于时代。而学习的能力，也不单单指掌握知识和

[1] 熊彼特式的创新：熊彼特创新理论从技术与经济相结合的角度，探讨技术创新在经济发展过程中的作用，主要代表人物是现代创新理论的提出者约瑟夫·熊彼特，他在《经济发展理论》一书中提出“创新理论”以后，又在《资本主义、社会主义和民主》中加以运用和发挥，形成了以“创新理论”为基础的独特的理论体系。“创新理论”的最大特色，就是强调生产技术的革新和生产方法的变革在经济发展过程中的至高无上的作用。

技能，更是认知世界、理解世界的能力，从而让自己始终对胜利充满热情、拥有创造的喜悦和坚强的意志，这种精神是成就动力的源泉，是实现经济发展创造性突破的智力基础。

2. 保持“野心”，激发成就大业的欲望

今天，中国的人口红利正在消失，中国已经走在了发展的前沿，由制造大国转向创新大国，判断一家企业是不是真正的大企业也不是看它市值有多大，而是看它是否掌握了核心和关键技术，中国需要一大批超越BAT的大企业和超级企业，每一个企业家都应有做大、做强企业的野心，力争在国际竞争中拥有一席之地。

3. 拥有使命感，将事情做到极致

不要空谈使命，不要将其看作离我们很遥远的“神圣之物”，做好自己每个人生阶段应该做好的事，把自己喜欢的事情尽可能做到极致，对自己的事业充满信仰，并愿意为此努力一生，你就是一个具有使命感的人。所谓工匠精神，本质上与这种对事业的敬畏和使命感及坚守密不可分。使命感是实现创新型社会的基本条件。

今天的中国处于快速崛起进程当中，面对的是前所未有的经济全球化大环境，承担的是成为创新型国家的重任，我们每一个人努力提升文化实力、创新实力、科技实力，我们的一生才会有意义，我们的社会才能不断进步。

最后，祝愿大家都能成为知本家！

参考文献

[1] 方军 . 付费 [M]. 北京：机械工业出版社，2010.

[2] 冯卫东 . 冯卫东：品牌非常道之品类界（一）[EB/OL].（2016-06-15）[2020-06-01].http://www.dingweililun.com/artcle/id/707.html.

[3] 罗振宇 . 罗振宇跨年演讲全文：6 种焦虑、6 个答案、6 个脑洞 [EB/OL].（2018-01-01）[2020-05-28].http://edu.sina.com.cn/bschool/2018-01-01/doc-ifyqefvw8341500.shtml.

[4] 百度百科 . 知本家 [EB/OL].[2020-08-13]. https://baike.baidu.com/item/%E7%9F%A5%E6%9C%AC%E5%AE%B6#3.

[5] 搜狐 . 原型理论分享——打造品牌 12 种人格 [EB/OL].（2019-05-03）[2020-06-03]. https://www.sohu.com/a/311649296_120065410.

[6] 陈春花 . 陈春花：激活自我，让知识自我赋能 [EB/OL].（2017-09-01）[2020-05-21]. https://zhuanlan.zhihu.com/p/28976152?from_voters_page=true.

[7] 木子语中 .VUCA 时代和我们 [EB/OL].（2020-04-21）[2020-07-17]. https://zhuanlan.zhihu.com/p/134104359.

[8] 金典社区 . 通证经济 [M]. 北京：中国财富出版社，2018.

[9] 小太阳西西 . 笔记术之麦肯锡空雨伞 [EB/OL].（2019-06-07）[2020-08-20]. https://www.jianshu.com/p/b680db573f83.

[10] 百度百科 . 矩阵数据分析法 [EB/OL].[2020-08-25]. https://baike.baidu.com/item/%E7%9F%A9%E9%98%B5%E6%95%B0%E6%8D%AE%E5%88%86%E6%9E%90%E6%B3%95/736524?fromtitle=%E7%9F%A9%E9%98%B5%E5%88%86%E6%9E%90%E6%B3%95&fromid=24100088&fr=aladdin.

[11] 百 度 百 科 .AIDMA 法 则 [EB/OL].[2020-08-21]. https://baike.baidu.com/item/AIDMA%E6%B3%95%E5%88%99/637786?fr=aladdin.

[12] 百度百科 .PDCA 循环 [EB/OL].[2020-08-13].https://baike.baidu.com/item/PDCA%E5%BE%AA%E7%8E%AF/5091521.

[13] MBA 智库百科 . 设计思考 [EB/OL].[2020-08-07]. https://wiki.mbalib.com/wiki/%E8%AE%BE%E8%AE%A1%E6%80%9D%E8%80%83.

[14] 百度百科 . 第一性原理 [EB/OL].[2020-08-19]].https://baike.baidu.com/item/%E7%AC%AC%E4%B8%80%E6%80%A7%E5%8E%9F%E7%90%86/9488807?fr=aladdin.

[15] 百度百科 . 要素品牌 [EB/OL].[2020-07-30]. https://baike.baidu.com/item/%E8%A6%81%E7%B4%A0%E5%93%81%E7%89%8C/8660975?fromtitle=%E5%93%81%E7%89%8C%E8%A6%81%E7%B4%A0&fromid=15493109&fr=aladdin.

[16] 晨哥笔记 .AIDA 模型告诉你，推广文案应该这样写 [EB/OL].（2019-03-07）[2020-06-15].http://www.woshipm.com/marketing/2032940.html.

[17] 王德禄 . 中关村的四大新动能 [J]. 财经界，2018（31）.